游击谈判

如何套住大人物，让他们听你的话

[美] 杰伊·康拉德·莱文森
唐纳德·韦恩·亨顿 著

陈芳芳 译

当代世界出版社

图书在版编目（CIP）数据

游击谈判 /（美）莱文森，（美）亨顿著；陈芳芳译 . —北京：
当代世界出版社，2015.5
ISBN 978-7-5090-1002-0

Ⅰ. ①游…　Ⅱ. ①莱…②亨…③陈…　Ⅲ. ①商务谈判 – 基本知识
Ⅳ. ① F715.4

中国版本图书馆 CIP 数据核字（2014）第 254737 号

GUERRILLA DEAL-MAKING: HOW TO PUT THE BIG DOG ON YOUR LEASH AND KEEP HIM
THERE By DONALD WAYNE HENDON
Copyright © 2013
This edition arranged with Donald W.Hendon.
Through BIG APPLE AGENCY, INC., LABUAN, MALAYSIA.
Simplified Chinese edition copyright:
2015 Orient Brainpower Media Co., Ltd.
All rights reserved.

北京市版权局著作权合同登记号：图字01 – 2014 – 8302号

游击谈判

作　　者：（美）莱文森　（美）亨　顿
出版发行：当代世界出版社
地　　址：北京市复兴路 4 号（100860）
网　　址：http://www.worldpress.org.cn
编务电话：（010）83908456
发行电话：（010）83908455
　　　　　（010）83908409
　　　　　（010）83908377
　　　　　（010）83908423（邮购）
　　　　　（010）83908410（传真）
经　　销：新华书店
印　　刷：三河市祥达印刷包装有限公司
开　　本：710mm × 1000mm　1/16
印　　张：17.75
字　　数：250 千字
版　　次：2015 年 5 月第 1 版
印　　次：2015 年 5 月第 1 次
书　　号：ISBN 978-7-5090-1002-0
定　　价：39.80 元

杰伊将本书献给他 4 岁的外孙女，卡利·阿德金斯。她是他见过的最佳生意人。

唐纳德将本书献给他甜美贤良的妻子，埃达。她是他一生的挚爱，是托起他双翼的暖风。

本书推荐

"使利益最大化，尽量减少损失，获得更多的成功，减小失败的几率。"这些话我早就听过了。但是《游击谈判》提到它们时，我的感觉很不一样。因为这本书给我们做出了全方位的指导，告诉我们在谈判时，什么时候要表现出坚定与自信，什么时候进行防守，什么时候要与对方合作，该怎么应对那些卑鄙的花招。我喜欢这本书！相信你们也会喜欢它！

——托尼·亚历山德拉 《白金法则》和《非凡的领导力》作者，名人堂主讲

这真的是一本美妙绝伦的书！很多时候，我们都免不了要与人谈判，但是大部分人在谈判前都未能做好准备。比如，他们经常没有认真研究自己的谈判对象，而且在竞争如此激烈的社会，我们常抱着非输即赢的态度与人谈判，或者我们抱着要赢得谈判的心态走上谈判桌，但是却因为事前没做好功课，没做好计划，或者不了解谈判对象，最后以失败而告终。这本书告诉我们如何赢得谈判，无疑是我读过的、与谈判有关的最佳书籍！

——安·安德鲁斯 新西兰奥克兰共同工具箱公司总经理

我研究商务交易已经 30 多年了，但本书所呈现的，是我在这几十年里从未见过的一种谈生意的崭新方式。读过此书，你会成为更好的生意人。现在就开始阅读吧，不要让自己在无意中又做亏本的买卖。

——吉姆·凯斯卡特 《关系销售》作者

　　唐纳德从独特的视角了解客户的需求。他把我们在商务谈判中可能会遇到的策略都做了分类。此外，他还向我们推荐了应对每种策略的方法，让我们在谈判中占得上风。这似乎是不公平的，因为了解这些信息，我们就能主导谈判，赢得胜利。

——蒂姆·范·米利根　www.customersecrets.com 董事长

　　《游击谈判》称得上是自助类书籍与商务书籍相结合的完美范本。我对这本书感到爱不释手。我知道你也会有同样的感受——这无疑是件好事！事实上，这本书绝对会让你大开眼界！它将深刻地改变你的生活，让你成为真正的赢家。

——大卫·汉考克　出版人，摩根·詹姆斯出版公司

　　哇！这本书里关于促成交易的那些实际又有用的点子真是层出不穷，无疑是我读过的相关书籍中最棒的一本。它绝对是谈判者的必读书目！

——吉姆·亨尼格　《说话的艺术：成为谈判的赢家》作者，美国演讲家协会前任会长

　　唐纳德将带你走入一场游击战当中，你会学到怎样与大人物在你来我往、互谅互让的过程中取得谈判的切实胜利。整本书富于原创精神，妙不可言，深刻有力！

——史蒂夫·塞维奇　《游击交易秘籍》作者

　　我是个一流的谈判高手，因为我通过做买卖赚取了很多财富。而当我读到这本书里独到而犀利的想法时，我立即将其中一些付诸实践。结果你们猜怎么样？相比较我一直使用的那些通常的技巧，这本书教给我的智慧让我赚取了更大的财富。

——道格·尼尔森　《掌控命运：取得掌控的公认策略》作者

　　如果你是一名成功的游击高手或者希望成为一名成功的游击高手，那么完成一笔漂亮的交易的艺术就是你最有力的手段。在你和厂商、客户，甚至是和雇员谈判时，如何巧妙地达成一笔交易无疑是提升盈利的不二法门。唐纳德的《游击谈判》一书中不胜枚举的交易手法可以让你在谈判的过程中占得上风，相信我，这些手法之精妙是你从未接触过的。这不仅是必读书目——这也是必学书目。

——鲍勃·卡登　《游击营销研究》作者，卡登公司董事长

杰伊·康拉德·莱文森和唐纳德·韦恩·亨顿两位作者倾其一生的研究和实践，终于破解了成功交易的奥妙所在。《游击谈判》将给你带来全新的思维方式，教会你如何避免犯错，规避风险，并为你提供必备的全副武装，助你成功完成交易。

——库尔特·莫特森　《说服能力商数》，《最大影响》以及《卓越领导力原则》作者

《游击谈判》将会帮助你通过使用有效谈判这一杀手锏取得商场上的成功。这是由游击营销之父杰伊·康拉德·莱文森与跨文化谈判专家唐纳德·韦恩·亨顿携手为你打造的速成商务经典读物。学会这本书里的商务技巧绝对会让你获取更多的利益。

——斯图尔特·波尔克　www.kingofprofits.com 董事长，小型企业倡导者

这本书涵盖了数以百计实用又强大的谈判策略，用于出击和防守……这是过去 20 年以来最好的谈判类书籍之一。是一本必读的好书。

——斯蒂文·巴比茨基　《决不再输》作者，SEAK 公司董事长

如果你想学习谈判的技巧，《游击谈判》绝对是一本你不容错过的好书。

——艾德·布罗多　《谈判训练营》作者

不幸的是，大多数生意人在面对跨文化谈判时不知道怎样才能达成双赢的局面，而这正是如今全球化世界的大势所趋。于是，唐纳德和杰伊为想要永远在商务领域占有一席之地的商务经理们奉上了这本精心之作。

——迈克尔·希克　《全球交易：跨越文化边界的营销和管理》作者

谁不想在商务谈判中，或者说是在所有的谈判中成为永立不败之地的游击高手？交易大师唐纳德为你打造的这本指导读物——《游击谈判》绝对是一本必读书目。只要一本在手，无论大小谈判都能轻松应对。

——朱迪斯·布莱尔斯　《信心的力量》作者

你是否有时会在谈判中出错招数？《游击谈判》将快速提高你的交易技巧。本

书会唤醒人们记忆中的经典销售技巧，并教会人们很多全新的销售技巧，让你在任何交易场合都能做到有备无患。我建议你将此书读两遍，并把它放在床头。它是每一位销售人员的必读书目。

——罗勃·诺思拉普 高级缩减方案机构主席

杰伊和唐纳德合著的这本书将深刻地影响你的生活——它不仅会帮助你成为一名更加出色的买方或卖方，还有助于你和对你来说最重要的人，即你的家人之间的情感交流。这本书就是这么强大！它是一座金矿，等待你去发掘有用的信息。

——里克·弗莱史曼 计划电视艺术的创始人

杰伊·康拉德·莱文森和唐纳德·韦恩·亨顿为这本杰出的著作注入了独特的力量。杰伊的企业与营销智慧加上唐纳德在全球范围内丰富的交易经验，使得每一场小型的商务谈判都能在游击营销传统的大背景中促成双赢的局面。这本书趣味盎然，方便简易又真实可信，它将指导你在谈判中取得最大化的利益。

——迈克尔·拉尔森 《作家的游击营销》作者

我们都想要别人按我们的想法去做事。卖方想要抬升价格；买方想要降低价格；父母想要孩子自己去收衣服；我们都想要在和对方玩笑调情时占上风；我们都想要说服警察免去我们的超速罚单。而这本书就是我读过的唯一一本能够告诉我们如何达成上述想法的书。书中的技巧对我起了神奇的作用，我相信你们也会有同样的感受！

——乔·维塔勒 《诱人因素：创造财富的5个简捷步骤》作者

你是不是想从别人那里得到什么东西？你可以去偷，但是我们不鼓励这种行为。事实上，你应该读一读这本书，再使用这本书里谈到的谈判策略和技巧。书中的那些具体、实用又简便易行的方法会让你成为一名游击高手。并且……这本书从读者的角度出发，写得生动传神，一定会让你感到趣味横生。

——大卫·格拉斯加 大卫·格拉斯加商务发展委员会主席

这本书绝对会让你改变对谈判的态度。无论你是专家还是普通人，这本书都将永远改变你的生活。

——克拉斯穆尔·佩佐夫　澳门圣约瑟夫大学教授

人们总是嘴上说着要"上一个新台阶"，那到底应该怎么做呢？你应该遵循从这两位交易大师那里得到的建议。这不是你父亲教给你的那些入门知识。你在这里学到的任何东西都能很快地运用于实践当中。为了让自己打一场漂亮的游击战，你应该抢在竞争对手之前买下这本书，仔细研读，并学以致用。我们在顶峰再会！！

——艾尔·劳滕斯莱杰　《30天包你学会游击营销》作者，利润营销协会主席

游击营销追随者们的第二本必读书目。

——奥韦尔·雷·威尔逊　《游击销售》作者

哇，我要说的就是读完《游击谈判》这本书后，我最想做的就是出去谈一场交易一显身手。唐纳德很有智慧，懂得怎样激发读者的行动欲望，如果你需要考虑一些大事，做出一些重要的决定，那么就赶紧拿起这本书开始阅读吧！

——格朗特·希克斯　www.FinancialAdvisorMarketing.com 董事长，《金融顾问之游击营销》作者

再也没有必要买成堆的有关谈判的书籍了，只要这一本就足够了！这本书里描写的策略足够让你大开眼界，你也能很快将这些策略运用于实战当中！而这本书的精妙之处就在于它能适用于全世界的读者！不要再迟疑了……今天就把它买回家吧！

——迈克尔·奥恩　《这是顾客，傻瓜！》作者，名人堂主讲

如果你想要影响他人，这本书将为你指明道路！使用它为你提供的98种有力手段，你将成为最大的赢家。如果其他人用这些手段来对付你，这本书还为你提供了400种反击的办法。我很喜欢读这本书，你也一定会的！

——亚伦·杨　劳克林联合公司首席执行官

拿到这本书，阅读并学习唐纳德·特朗普与其他成功的谈判家之间迥异的谈判风格。然后，在开始正式的谈判之前，把这本书从书架上取下来读一读"如何做让步——20件该做的事和20件不该做的事"这一部分。假如你觉得书中其他部分没什么价值，而这两部分就已经超过书的价格了——不过，这两张行为指导清单只说明你刚开始发现本书的宝藏。

——**谢尔·霍洛维茨** 《绿色游击营销》作者，顾问，www.GreenandProfitable.com 董事长

这本书的受众包括赢家和输家。赢家使用杰伊和唐纳德提供的98种有力策略继续稳操胜券，而输家一旦学习了这些策略，将很快扭转局面成为赢家。试想一下吧——一个充满赢家的世界！那将是一个多么刺激，多么神奇的地方！

——**汤姆·安迅** 维吉尼亚网络营销中心董事长

我要是能够在多年前就读到这本书该多好，那我也就不会犯下这么多错误了。我们所有人都是在反复的尝试和耐心的观察中学会做买卖的窍门。而杰伊和唐纳德合著的这本书无疑为大家提供了一条捷径。不出多日，你一定会步入赢家之列。

——**詹姆斯·迪利海伊** 《游击多层营销》作者

想要步入赢家之列并屹立不倒！怎样才能做到？你只需按照这两位深谙成功交易之道的大师吩咐的去做就可以了。你可以立马将这些技巧付诸实践。我强烈地建议你尽快使用这些通俗易懂又切实可行的策略——一定要赶在你的竞争对手之前！

——**马赛拉·旺恩·哈尔廷博士** 《游击多层营销》作者

在谈判中，你将如何应对"大人物"们所耍的诡计？你需要在谈判之前了解他们可能使用的技巧并找到破解的方法。杰伊和唐纳德将从专家的视角向你展示游击高手所用的秘密招数和有效策略，并教会你如何在与他们的对峙中随机应变。

——**琳达·斯温德琳** 《得到你想要的东西》作者

《游击谈判》是每一个想要提升自己的产品和服务品质的人的必读书目。这本书以其独特的洞察力，为你指明并帮助你踏上前进的道路。我已经读过了《游击营销》

系列的所有书籍，并将其中很多策略成功地运用于实践当中。而这一本就是其中写得最好的一本！

——卡罗尔·斯坦利 《考 59.99 分以上的孩子们》作者

通过这本书你能够一览两位作者的风采，并得到第一手的珍贵资料。每一章节的内容都紧跟时下最新的趋势，绝对物超所值。拥有了这本书上传授的知识就无异于拥有了一份无价之宝。

——布莱恩·拉塔 交易商联盟国际有限公司交易商发展分公司总裁

该书以一种假想式的轻松方式，对谈判策略进行了教育性和实践性的分析。我们应该学会这些技巧，更好地完成交易。全书通俗易懂，活泼传神，让读者仿佛置身于一场研讨会中，聆听教授精彩绝伦的演说。总而言之，这是一本不可多得的好书。

——赫尔南·孔特雷拉斯 国际企业家

这本书是时代的产物。它为我们提供了在现代社会竞争中获胜的技巧，并将以其强大的力量革新我们的思维方式，增加我们获取的利润与市场份额。这是一本必读的好书。

——费尔明·卡斯蒂略 阿拉伯联合酋长国迪拜杰吉拉大学战略管理学教授

唐纳德的这部作品是我有史以来读过的最好的一部。他深谙谈判之道，拥有惊人的说服力。通过这本书，你不仅能赚到更多的钱，还可以改变自己的生活。这绝对是一部上乘之作！

——林茨·米勒 桑德勒培训机构

GUERRILLA
DEAL-MAKING

目　录

第3章　了解你的对手——试着读懂大人物的想法

通过阅读本章，你将了解在谈判过程中与游击高手针锋相对的大人物的内心想法，你将学会利用大人物们"抬举自己，贬低对方"的心态，你还将学会耍一些小手段让对方站在你的角度为你着想。

第二部分　游击谈判高手的最强游击手段

本章将为你讲述唐纳德在《影响你的365种有力方式》一书中谈到的365种策略，其中有98种最强手段是以黑体字标示的。我们还会谈到胡志明最爱使用的22种游击手段。

第4章　游击谈判高手的最强手段

第三部分　唐纳德的48种最强且人们最不常使用的策略

第5章　威力强大且人们不常使用的8种准备手段

本部分讲述了48种威力最强但人们不常使用的手段，它们是游击高手的最佳手段。当你和高手谈判时，试着使用这些手段，保证会让他们大吃一惊。你会打乱他们的阵脚，一击取胜。

第6章　威力强大且人们不常使用的13种决策手段

第四部分　唐纳德的50种威力强大且被人们一再使用的策略

第10章　威力强大且被人们一再使用的两种准备手段

本部分讲述了50种威力最强且人们一再使用的手段。同时提供了200多种反击攻略，这一定会让对方感到措手不及。你可以用这些手段打乱他的阵脚，大大增加自己的优势。

第11章　威力强大且被人们一再使用的27种决策手段

第12章　威力强大且被人们一再使用的12种防御手段

第13章　威力强大且被人们一再使用的3种防御手段

第14章　威力强大且被人们一再使用的两种合作手段

第15章　威力强大且被人们一再使用的4种花招

第五部分　游击高手运用的身体语言和让步技巧

在本章，你将学到如何不动声色
地弄清楚谈判高手的想法；分辨
他是否在说谎或是否意图掌控
你；他们对你进行身体接触
的含义是什么；最重要的
是，掌握如何运用你的
身体语言操纵对方。

第16章　游击式身体语言

第17章　游击式让步

本章将告诉你如何用正确的方式做让步，如何让对方做出比他预期还要大的让步。

第六部分　又一个终极游击高手诞生了

第18章　如何成为终极游击高手

本章将告诉你如何熟练运用游击谈判的技巧，在正确的时机做出正确的行动——而你几乎是不假思索地完成这一切。你还会学到如何使用杰伊的54条黄金法则达成"卓越游击营销"的目标。

　　你在产品生产、服务提供和公司管理上都倾注了大量的心血。你的产品包装到位、价格合理，能带来可观利润，市场定位准确，营销极具针对性，网站访问量很高，而且你一直拥有一个金牌管理团队。此时，你的理想客户打电话来邀约，计划从你的公司购买大批产品。

　　你开始与他们会面……但是情况从这里开始就变糟了：你向客户做了不必要的妥协，签订的计划给自己公司带来了过重的负担，而且这笔生意根本带不来什么利润。

　　怎么会这样？其实这种事情十分普遍，几乎随时随地都会发生，因为大部分人对于怎么做最划算的买卖只知皮毛。如果我们面对的是一位深谙谈判之道的生意人，那我们就会像果冻做的斜塔那样不堪一击。在生意中吃亏，赚不到丰厚利润，其中的原因不是我们不聪明，而是因为每次我们谈生意时都缺乏为自己争取更大利益的经验。

　　看完这本书，这种事情就不会再发生在你身上了。本书的主要作者唐纳德是谈判界的贝比·鲁斯。唐纳德在谈判界摸爬滚打近半个世纪，他在本书中总结了自己的经验，指出了在谈生意这一美妙过程中，稳操胜券的最重要的技巧，以及在此期间可能会犯的最严重的错误。

对于那些在谈判中处于劣势的人来说，谈判的过程并不美妙，但是对于那些了解谈判中错综复杂情况，知道唐纳德的 365 种强大的"游击式导航手段"的游击高手来说，却很享受。这些手段无疑是合理的，而且能给我们带来极大益处。

这 365 种手段，加上我们从唐纳德那引人入胜的谈判故事中获得的启示，告诉我们如何像谈判专家那样谈生意。这些故事会给我们力量，让我们赢得谈判，取得巨大的成功。遗憾的是，许多人还没有获得这方面的启示，但是如果他们阅读了这本含有商业智慧精华的书，他们就能得到启示。

如果你一直在寻找打败大人物的方法，让他们听你讲话，那么就不用再找对策了，这本书里就有答案。

最后，我和唐纳德对你们有两个期望：

1. 读完这本书后，请不要坐在谈判桌上与我们谈判。（因为你已经掌握了和我们一样多的谈判技巧。）

2. 请在谈判对手阅读这本书之前，把它从头到尾都看一遍。

我们相信，这本书能帮你们赢得所有的谈判，还会增加你们在商务领域以外其他领域的知识。

杰伊·康拉德·莱文森
佛罗里达州德巴里市

GUERRILLA
DEAL-MAKING

第一部分

大人物和游击高手——到底什么是游击谈判

第1章
你是大人物还是游击高手?

本章内容:如果你在本质上是一个大人物,那么你要学习的东西还有很多。如果你在本质上是一个游击高手,那么这本书会帮助你在与大人物和其他游击高手面对面较量时赢得更多。

你本质上是大人物还是游击高手?

我们的书——现在已经是你的书了——是关于游击谈判的,告诉你小人物要怎样才能拒绝按大人物制定的规则谈判,并以此打败大人物。下面列举出的是真正的区分方法:

本质上是大人物	因 素	本质上是游击高手
这次交易十分复杂难懂	整体态度	我能控制,也会控制交易的复杂程度
尽可能地大	预算规模	关注的是花费的精力,投入的想象力与时间的投资,而不是简单的规模
通过提供关联产品和服务	多样性——怎样去做	通过提供产品和服务,与我现有的作业线产生协同作用
通过新客户的加入呈现直线增长	发展——怎样去做	利用服务与后续工作,并依靠现有客户发展下线以创造出更多规模更大的交易

（续表）

本质上是大人物	因　　素	本质上是游击高手
集中于计算每月的单据	数据处理	计算每月建立的关系——建立的关系越多，今后的收据也会越多
经验加判断，多半靠猜测	指导方针	心理学——我的客户心里到底在想什么
大小企业的经理都有，公司资金充裕	商务规模	大多数是小型企业的经理，有远大的目标但资金不足
销售额	成功——衡量的标准	利润
认为其操作复杂，成本昂贵，使用范围有限，于是回归传统方法	技术——对待技术的态度	认为其操作简单，价格合理，潜力无限
种类不多且花费巨大	手段——运用何种手段	种类很多，特别青睐无成本的手段
只用简单的那一种——只用效果最好的一种	手段——运用多少种手段	使用多种手段相结合的办法取得协同效应

　　请对照上表诚实地给自己归类。如果你在本质上是一个大人物，那么你要学习的东西还有很多。如果你在本质上是一个游击高手，那么这本书会帮助你在与大人物和其他游击高手面对面较量时赢得更多。请你在阅读本书时记住一点——交易不是一场竞赛。成功的交易需要双方携手合作，共同解决问题。

本书其余部分要讨论的问题

　　我和唐纳德都是美国人，我们与世界各地的经理主管人员谈生意。唐纳德代表各大公司，谈判的足迹遍布六大洲。唐纳德开办过几千场有关做交易的研讨会，吸引了来自 60 多个国家的大人物和游击高手前来参加。在研讨会上，唐纳德向他们传授了自己总结出来的 365 种谈判手段。

他清楚地知道，哪些手段是人们一再使用的，哪些手段是人们不到万不得已一般不会使用的。他也清楚地知道，哪些手段是行之有效的，哪些手段的使用效果是差强人意的。他还知道哪些国家的人做起交易来得心应手，哪些国家的人对于做交易一窍不通。

那么美国人做起交易来是表现得得心应手还是一窍不通？有这么一条线索供你参考：很多国家的人都喜欢和美国人谈生意。这是为什么呢？因为从以往的经验来看，美国人谈判技巧之拙劣早就已经是众所周知的事了——美国人在谈判时不擅长从对方那里得到自己想要的东西，就算对方也是美国人，他们也很难达成双赢的局面。对方对美国的谈判者普遍评价很低：因为他们认为美国人有一种大人物心态在作祟。总的来说，美国人认为自己在任何方面都是最棒的，即使在某些领域表现平平，也选择无视这样的事实。在其他国家，美国人让所有人都感觉到一点，那就是"美国人是最棒的"。不过这也是交易的一大手段，即唐纳德在《影响你的 365 种有力方式》中讲述到的第 39 种决策手段。

接下来的第 2 章将向你讲述美国人在做交易时总是处于劣势的 18 个原因。另外还将告诉你如何避免犯愚蠢的错误，并提出假设，解释为什么在成交后，美国人得到的总是比他们应得的少。

通过阅读第 3 章，你将了解到在谈判过程中与游击高手针锋相对的大人物的内心想法。你将学会利用大人物们"抬举自己，贬低对方"的心态，你还将学会耍一些小手段让对方站在你的角度为你着想。

第 4 章将为你呈现唐纳德在《影响你的 365 种有力方式》中讲述的 365 种交易策略的完整版。其中 100 种最有力的手段是以黑体字的方式排印出来的，所以非常显眼。这一章还囊括了游击高手最爱使用的 22 种游击手段。

第 5 章到第 9 章将详细讨论人们不经常使用的 48 种最强手段。这些都是游击高手们用起来最得心应手的手段，我们也可以在与人谈判时用到它们，足以让对方大吃一惊。第 10 章到第 15 章将谈到人们一再使用

的 50 种最强手段，到时候你会发现别人经常用它们来对付你。

在第 5 章到第 15 章里，我们为你准备了超过 400 种让对方感到出其不意的还击手法，用以应对对方使用的 100 种策略。一旦将这些手法付诸实践，无论是大人物还是游击高手都会表现得措手不及，就在他们慌了阵脚的时候，利用时机，你一定会占得上风。

第 16 章将教会你观察他人的身体语言。你将会学到如何读懂大人物与游击高手的心理活动，并让他们猜不透你的心思。你还会学到如何通过你自己的身体语言来操纵他人。只要你运用得当，对方是不会怀疑的。（唐纳德的下一本书就是《游击身体语言》，敬请期待。）

第 17 章是有关游击谈判的一个重要环节。我们将谈到如何以正确的方式做出让步——并且让对方在原先想法的基础上再退让一大步。

第 18 章将向你展示怎样才能在游击谈判中表现得如鱼得水，如何不假思索地在恰当的时机进行恰当的行动。你还会学到如何运用杰伊的优秀游击营销的 54 条黄金准则来赢得更多，赢得更大。这一章将带你走入实战的氛围，让你做好通向高收益的非凡之旅的准备。本章末尾是有关作者的详细信息。

接下来，我们就要启程了，你会在这一场愉快的旅程中学到各种实际的知识。让我们快点开始吧。各就各位，预备，出发！

第 2 章
如何避免和他们一样犯这18个低级错误

本章内容：你将会知道为什么美国人的谈判水平总体偏低；为什么其中很多人的水平糟糕透顶；你还会学到如何避免和他们一样犯愚蠢的错误，以及被误导后作出不合理的假设。正是由于这些问题，美国人在谈判时总是要靠降低对对方的要求来促成交易的完成，特别是对方是外国人的时候。这本书的其余部分将告诉你如何实实在在地提高自己的谈判技巧。哦，对了，你肯定会喜欢本章有关山姆·沃尔顿的内容，我们都认为他是终极游击高手呢！

本章小引

对于一个外国人来说，所有的美国人似乎都算得上是大人物。当然，我们[①]也时常会表现出大人物的样子。有时候，我们似乎不和世界上的其他地方接触——甚至彼此之间也没有接触。举个例子，居住在西南沙漠地带的美国人和居住在新英格兰州的美国人就没有多少交集。但是在欧洲，情况就不一样了。欧洲国家的面积比美国小得多。法国人在看天气预报的时候都会产生一种集体的共鸣，因为他们知道，无论波尔多（法国西南部）是什么天气，斯特拉斯堡（法国东北部）也是一样的天气。唐纳德住

---

① 为了便于读者理解，本章以"美国人"为第一人称描述。

在内华达州拉斯维加斯附近的地区，在莫哈韦沙漠的中心地带。这里终年干燥，每年有五到六个月的时间都是在烈日的炙烤中度过的。唐纳德不会关心3000英里之外的马萨诸塞州波士顿的天气。他更不会计划去那里——要知道他的前妻就住在那里！同样的，波士顿的居民也不会关心拉斯维加斯的天气状况——除非他们准备到那里旅行。就国土面积而言，美国是世界第四大国（排在俄罗斯、加拿大和中国之后），同时美国也是除中国和印度之外的第三大人口大国。于是，辽阔的国土将我们分散隔离。

过去的几百年里，美国因为地理原因与世界其他地区相隔绝。两大洋横亘于美国和亚欧两洲之间。美国人只是偶尔和加拿大人或墨西哥人有些接触。我们一直过着自给自足的生活——或者说，至少我们认为自己是这样的。我们不需要和其他国家有太多的贸易往来。因此我们一直不与他人交往，按照自己与众不同的模式发展。直到今天，我们仍然是与众不同的，是与所有人截然不同的。我们就这样生活了很多年，也没遇到什么问题。我们需要的东西美国都有——就连新奥尔良的零售商都懒得和纽约的供应商打交道，因为他们完全可以在自己的城市里做买卖。但是，如今一切都改变了。从旧金山到伦敦，从纽约到东京，都只需要几个小时。国家之间的贸易往来越来越频繁了。美国人也开始经常地和其他国家的人做起了买卖。这就解释了为什么现在对于美国人来说，提高我们与外国人交易时的技巧尤为重要。如果作为大人物的美国人能够遵循本书提供的建议，在交易时采取一种游击式的行事方式，那么我们一定会赢得更加漂亮。

但是现在的问题是，大多数美国人的交易水平远远没有达标。我们应该做些什么？这里给你提供了一种方法：试着向墨西哥人的思维方式靠拢。

试着像墨西哥人那样思考——他们是天生的游击谈判高手

与其他国家的人相比，大多数美国人都是不善于谈判的。这就是为什么在我们与外国人做交易时经常会吃亏。让我们来比较一下美国人和墨西哥人的不同之处吧。一个美国人走进一家商店，看了一眼商品的价格，就会认为这是卖方开出的最低价，因此大人物式的美国人自然就不会再讨价还价了。而当一个墨西哥人走进这同一家商店，看到同一个价格时，他就会认为这是卖方开出的最高价格。接着他就会和卖方开始砍价了。说到砍价，这简直就是墨西哥人的第二大天性，同时也是像唐纳德这样的人的第二大天性。因为唐纳德就是在德克萨斯州的雷拉多出生并长大的，这里地处美国和墨西哥的交界，具有双文化背景。唐纳德喜欢这样说："我的思维方式是墨西哥式的。墨西哥人是天生的游击高手，所以我在谈判桌上的表现也不赖。见鬼，我还有1/4的墨西哥血统啊。我这样说是可是满怀骄傲啊！"

让我们再进一步想一想，美国人无论在与外国人谈判还是与本国人谈判，表现不佳的一大原因或许就是自我定位的问题。我们总是认为自己是大人物，而不是天生的游击高手。以下就是本章所列举出的18个原因。

美国人不擅长交易的18个原因

原因1：认为自己是大人物：我们有扮演圣诞老人的心态。

美国人真是矛盾的综合体。一方面，我们会表现得争强好胜；而另一方面，我们又会表现得慷慨大方，希望别人开心（第85种决策手段，扮演圣诞老人——我能给得起）。我们为自己在很多方面都曾拿到第一而感到骄傲，比如，我们的进出口额、零售额、人均收入、乘用车数量、诺贝尔奖获得者人数、国内生产总值、博物馆的数量等在全世界都是首屈一指的。而我们的软肋就是我们给自己的定位——我们通常认为自己是大人物，而不是游击高手。

请务必记住这一点：骄傲会蒙蔽你的双眼——当你认为自己在处处都

是第一的时候，你也会认为自己能够承受得了做出更大的让步。外国人通常认为美国是一个富足的国家。在他们的眼里，我们算是大人物，而不是游击高手。因此，他们想从美国人手里获取更多利益，也会为此付出更大的努力。然而这样一来我们就处于劣势了。唐纳德在菲律宾待过很长一段时间，深知当地的商人都深谙讨价还价之道。唐纳德发现自己去菲律宾人那里买东西的时候，一开始他们都会开出一个高价，而且没有什么还价的余地，因为在他们的眼里，唐纳德就是一个有钱的美国佬。于是他想出了一个还价的小把戏，他告诉自己的妻子埃达（埃达是菲律宾人），以后一起买东西的时候自己就躲在外面，让妻子和老板砍价，他的妻子看上去可不像什么大人物。等砍完了价，唐纳德便大摇大摆地走进来把钱付给老板，顺便欣赏一下这些菲律宾老板脸上的表情，谁会想到这个"大人物"会让妻子出马，自己却躲在暗处呢。

原因 2：大人物也需要爱——一种近乎偏执的心态，渴望得到他人的喜爱。

美国人——包括游击高手和大人物——都因为某种奇怪的原因希望成为别人喜爱的人。因此，我们在全世界范围内树立起了"好好先生"的形象。我们希望通过做出让步博得他人的好感。可是我们的慷慨通常起不到什么效果，就像老甲壳虫乐队唱的一样，"金钱买不来我的爱情。"既然这样，我们为什么还要拿钱去博得他人一笑呢？

原因 3：美国人太迟钝了，所以我们没有交易文化。

我们美国人太迟钝了——相比游击高手，大人物们要迟钝得多。我们就算踩到了别人的脚指头都浑然不知。我们总是傲慢地先开枪后提问，就像我们小时候爱看的牛仔电影里演的那样。我们在追求自己想要的东西时通常都会表现得具有侵略性。我们的祖先生活在荒凉的边疆，即使发生什么冲突其中一方也大可以一走了之，这里待不下去了换个地方待不就行了？反正地方大得很，因此我们的祖先从没想过研习谈判这门艺术。但是欧洲的情况就大不相同了。人们住在相隔不远的街区，因此他们必须在很早的时候就学会相互磋商。就这样，欧洲人逐渐习惯了通过讨价还价来达成交易，这也成为了他们的第二天性。但是我们还是对此一窍不通。

原因4：一个骑警解决一场暴乱：极端个人主义。

时间：19世纪70年代。地点：德克萨斯州，圣安东尼奥市。事件：荒凉的西部发生了一场暴乱。当地的警长感到十分棘手，于是发电报向身在120多公里之外的德州游骑兵求助。第二天，警长就盼来了从奥斯丁开来的列车，却发现只来了一名骑警。警长顿时火冒三丈，冲他喊道："怎么回事！奥斯丁那边就派了你一个人来？"骑警回答："只发生了一场暴乱，不是吗？"

让情节快进到今天。美国人似乎还是抱着相同的态度——还是那样极端的独立。如果是在150年前，想要在这片荒凉的边境中生存下去，这种独立的精神的确是必不可少的，但是今天就大可不必这样了。然而这么多年来，美国人还是像独行侠一般穿梭于城市之中。无论是大人物还是游击高手，美国人似乎都抱着一种"我能自己完成，我不需要团队"的心态。因此，当外国人派出一支团队来和我们谈判时，我们通常就会因寡不敌众而败下阵来。

原因5：视野太过狭隘，不利于自身的发展。

以前，大多数美国人都没怎么出国旅行过——就算出去也无非是去墨西哥、加拿大，还有加勒比海的某些地方。在这样局限的活动范围内，我们的视野难免变得狭隘。我们搞不清外面的世界究竟是什么样子的，然而就在这外面的世界里，有许许多多虎视眈眈的人随时准备从我们的身上攫取利益，无论我们是游击高手还是大人物都难逃此劫。

原因6：太过天真。

我们就是这样像孩子一般的诚实，所以我们认为其他人也和我们一样。我们甚至还认为贿赂是不诚实的行径，也不明白为什么这种行为在很多国家都得到了默许。唐纳德就亲眼看见过这样一件事，在墨西哥的新拉

雷多，美国的卡车司机拒绝付给墨西哥的海关检查员 5 美元的小费让对方加快文件处理的速度。那位司机告诉唐纳德："这么做是违反公司规定的，我可不想惹麻烦。"于是，这批货就在墨西哥海关那里被扣了整整一个礼拜。这下公司的损失可就远远超过了 5 美元。接受 *Mordidas*（西班牙语：贿赂）在墨西哥和其他的拉丁美洲国家都是司空见惯的现象。如果你身在菲律宾，那么 *Suhol or daya*（菲律宾语：贿赂）可以助你快点办成事。*Dash*（英语：贿赂）在尼日利亚和其他的非洲国家是必不可少的。同样的，付给对方 *baksheesh*（英语：小费）在中东 – 北非国家、印度和其他地区也是很常见的。总而言之，就像麦当娜唱的那样，"没有钱就没人爱。"

原因 7：太过随意。

我们美国人总是非常随意，就像约翰·韦恩在他的西部电影中表现的一样，只有一句简单的开场白，"叫我约翰就行了。"我们喜欢直呼其名。我们对大多数外国人的商务名片上只有缩写而没有全名表示不解，在看到他们的电话簿时，我们也有同样的疑惑。我们在想，"为什么他们不把自己的名字（相对姓而言的名）也印在名片上和电话簿里，这样别人找起来不是容易些嘛。"事实上，我们没有意识到很多外国人并不想让所有人都知道自己的全名，他们只是想在适当的时机再透露给适当的人。这是他们的特权，尽管小了点，但还算是一种特权。顺便问一句，你的商务名片上是怎么写的？

这种随意的态度也造就了美国社会对于平等关系的重视。我们不明白为什么外国人都那么注重礼节和特权，而且我们没有耐心听那些冗长的开场白，为什么就不能直接说一句"叫我约翰就行了"，这样多省事啊！

原因 8：缺乏耐心。

唐纳德曾经有过两位菲律宾妻子（当然不是同时拥有两个妻子）。这两位都抱怨过他同一个特点：他实在是太没耐心了。事实上，这是大多数美国人的特性——我们总是开门见山，直截了当。其原因又可以追溯到我们的祖先生活在西部荒野中的那段岁月，那时人与人的距离很远很远，因此很少有交流，交易的过程也是三言两语就结束了。

下面是唐纳德讲解的重要一课，也是他的原话：

时间不是金钱

20世纪70年代，我第一次受雇与人谈判，那时的我犯了一个很大的错误。当时我在新加坡和一位有钱的中国商务经理谈判，而我总是时不时地低头看手表。终于，对方开口问我了："亨顿先生，为什么你总是在看时间？"我告诉他："你知道的，时间就是金钱嘛。"接着，他轻轻地说了一句："不是这样的，亨顿先生。时间就是永恒。"

经过这件事，我明白了一点——以后我不会再这样看手表了，因为我不想让对方察觉出我有不耐烦的情绪。事实上，在以后的谈判中，我都会当着对方的面把手表摘下来放进口袋，这样对方就会明白我的意思："接下来我的时间就是你的了。"（这是唐纳德的第113种决策手段）。

我也了解到许多亚洲人认为他们看手表会引起美国人的焦虑。因此他们会拉长谈判的时间，好让我们安下心来，不那么焦虑。另外，游击谈判高手似乎比大人物还要缺乏耐心。

原因9：一次解决一件事的态度——更加不耐烦的心态。

大多数美国人在谈判时喜欢将涉及的问题分开，然后逐一解决。我们会说："这一点我们已经同意了，现在让我们来看下一条。"唐纳德在多年的谈判经历中注意到一个现象，那就是外国人通常会在交易快结束的时候才开始表态。这样一来，美国人就更加不耐烦了，因为这让我们感到谈判并没有什么实质性的进展，而且这整个过程不再是向着和平和互相认可的解决方案积极前进的一系列步骤了，反而更像是在处理一系列小矛盾。不论如何，请记住这一点：置身于众多的小冲突之中时，游击高手比大人物们更有优势。

原因10：羞耻心——没有多少羞耻心或者根本没有羞耻心。

唐纳德的两任菲律宾妻子还抱怨说唐纳德这个人似乎不在意自己有没有丢面子。其实大多数美国人都有这样的特点——特别是在我们与外

国人谈判的时候，这一点尤其突出。对于那些不在意被人在背后嘲笑的人来说，这倒也没什么。但是如果我们不明白给外国对手留面子有多么重要，那才是真正的悲剧——这会让我们无意中冒犯对方。比起游击高手来，大人物们更懂得给他人留面子的重要性。正在读这本书的游击高手们注意了——在这方面，大人物们比你们在行。

如果你经常和外国人打交道，你需要多学学唐纳德的第 81 种花招，即厚脸皮，这里讲得更详尽。然而它不属于唐纳德的 365 种策略中最强大的 100 种。欲知更多详情，你可以参阅唐纳德的《影响你的 365 种有力方式》。

原因 11：在他人的预测之中。

美国的影视节目可以说是风靡全球，美国对全世界的流行文化也因此造成了很大的影响。外国人可以从中了解到很多关于美国和美国人的事，这让他们对美国人做事的套路有了一定的想法，而他们的想法通常都是正确的。但是国外的电影和电视节目在美国却不是很流行，这意味着我们在与外国人做交易的时候会处于劣势，因为我们对对方了解得不多。请记住，很多外国人似乎都将美国的谈判者视为大人物。如果你是一个天生的游击谈判高手，就可以利用这一点以游击战的方式随机应变——这样一来，就能打乱他们的阵脚，同时增加你手中取胜的砝码。

原因 12：过于喜欢与人争论。

与其他大多数国家的人相比，美国人更喜欢与人争论。我们讨厌失败。我们不仅渴望胜利，而且热爱胜利，热爱压倒其他人。美国人在孩子们的小学和初中的体育课上就开始培养他们的战斗意识，而这种意识在我们进入商务学校，拿到工商管理学学士和工商管理学硕士证书的时候更加强烈了。就这样，美国人乐此不疲地保持着旺盛的战斗欲，这一点也是外国人可以预见的。于是，他们提前考虑到这一点，做好准备再与我们在谈判桌上交锋。所以对于我们来说，想要成为真正的游击谈判高手，就要注意隐藏自己的秉性，时时刻刻表现出更加谦和的态度，这样才有出其不意、克敌制胜的可能。

原因 13：保持沉默——这正是让我们深感头疼的事。

美国人最受不了的事情之一就是对方保持沉默，因此无论是大人物还是游击高手都会尽量避免使用唐纳德的第 10 种防御手段，那就是"保持沉默，一言不发"。

一旦冷场，我们就会开口说话，打破沉默——注意是"我们"先开口，这也是第 58 种防御手段。很多外国人，特别是亚洲人，在谈判的时候会故意不说话，因为他们知道这样一来美国人便会急着找话题。其实，谁开口说话就意味着谁做出了巨大的让步。因为你的滔滔不绝让对方掌握了很多信息，而面对对方的沉默，你一无所获。这时，你就犯了一个愚蠢的错误——请记住，如果得不到对方的回报就绝不要做出让步。（见第 10 章的第 19 种准备手段，以及第 17 章，那一章将会讲到如何正确地做出让步。）如果对方不向你透露任何有用的信息，那么你也不要透露任何信息。我们小的时候就听人们这样说：那些东方人真是高深莫测啊。事实上，他们并不是高深莫测，而是足智多谋！

原因 14：经常出尔反尔。

美国人有这样一种倾向，那就是说好了要给别人的东西转念一想又不给别人了。相比较游击高手，大人物们更喜欢做这样的事。这种态度源于一种根深蒂固的想法，那就是只要最后的合同没签订，事情就有转圜的余地。外国人特别厌恶这一点，因此通常会拒绝我们的要求。他们认为，一旦事情谈定，就不能出尔反尔了。当你读到第 17 章的时候，你就会发现这也是很多外国人不喜欢第 7 种让步模式的原因之一，你也可以先跳到那一章一探究竟。

原因 15：认为美式英语是人们使用的唯一一种英语。

在你看下面的表格之前，如果你是美国人，就请用一张纸或你的手遮住右边的一列。如果你来自英联邦国家，就遮住左边的一列。再看看你是不是都知道这些单词的意思。举个例子，lorry（英式英语：卡车）和

truck（美式英语：卡车）的意思是一样的，mincemeat（英式英语：肉饼）和 hamburger（美式英语：肉饼）的意思相同，等等。美国人一定会看得一头雾水——但是也会觉得挺有意思。数数看，你能答对几个，我们打赌大多数美国人都会错得一塌糊涂。

英式英语	美式英语	中文意思
Lorry	Truck	卡车
Mincemeat	Hamburger	汉堡
Chicken flesh	Goose pimples	小疙瘩
Cot	Baby crib	婴儿床
Roadside dressing	Soft shoulder	软路肩
Ground floor	First floor	一楼
First floor	Second floor	二楼
Boot	Trunk	行李箱
Bonnet	Hood	软布帽
Tin opener	Can opener	开罐器
Rising damp	Humidity	湿度
Drawing pin	Thumbtack	图钉
Scone	Biscuit	软饼
Biscuit	Cookie	曲奇饼干

你一定会觉得这个小测验很有意思。唐纳德在开研讨会的时候，那些观众都玩得很起劲！但是现在严肃的问题来了，你在谈判中使用一些单词的时候一定要提高警惕——比如 overdraft 和 table it：

Overdraft= 透支（美式英语）

Overdraft= 信用额度（英式英语）

Table it= 推迟讨论这个问题（美式英语）

Table it= 现在就讨论这个问题（英式英语）

英国人知道我们使用的英语和他们使用的英语稍有差别，但是我们误认为美式英语是全世界唯一通用的英语。于是，当谈判对象来自英国或英联邦国家的时候，我们就会处于一种劣势。因此，要成为一名真正的游击谈判高手，就必须对主要合作国家的语言有所了解，不要就会想当然地做出错误的判断。

原因 16：在和母语不是英语的人打交道的时候，使用英语会让你处于劣势。

3 个具体的原因：

- 语义的模棱两可：很多词会引起歧义。在英语中，yes 就是"是的"，no 就是"不是"。而在日语中，hai（はい）可以表示多种意思，比如："是的，我明白了。""是的，但是我不明白。""是的，我会这样做的。""是的，但是我不会这样做。"等，可是美国人哪里会想到这么多呢？

- 当地的翻译：美国人出国谈生意的时候，经常有可能因为语言不通而受到翻译的摆布。我们强烈建议你带上自己雇佣的翻译，千万不要因为节省用对方公司提供的翻译，否则不是自找麻烦吗？

- 人人都能听懂与只有部分人能听懂：作为国际通用的商务语言，大多数国外的商务经理都听得懂英语，但是很多人却装作听不懂。而大多数美国人只会说英语，这样一来，外国人就能偷听我们的谈话，而我们却无法偷听他们的谈话。即使他们能听懂，外国人还是会要求译员将我们的话翻译成他们的语言，这样一来，他们就有更多的时间思考，可以仔细打量他们的对手再做出回应。唐纳德在拉美国家就经常这么做。他在购物的时候会装作听不懂西班牙语的样子，于是经常会在"不经意间"听到店员们商量怎么

在这个愚蠢的美国佬身上敲一笔, 在得知他们透露的最低价位后, 唐纳德便立马用流利的西班牙语和他们砍起价来, 最后买好东西满意而归。(见唐纳德的第 17 种决策手段。)

原因 17: 在很多情况下都会表现得过于好斗。

下面是好斗的人的 5 个特征。问问你自己, 这些是美国人身上普遍存在的特征吗? 是大人物的特征吗? 或是游击高手的特征吗?

- 勇敢: 在困境之中或危难之中都能做到镇定自若, 不会因为恐惧而慌了神。
- 掌控欲: 他们能坦然面对权力、权威和责任, 因此会尝试着尽快掌控局面。
- 有纪律性: 他们制定规则并希望他人也能遵守规则。
- 懂得变通, 目的性强, 脚踏实地: 为达成目的不择手段。
- 有秩序感: 在权限规定明晰、人人都知道自己的定位的环境中, 做起事来最得心应手。

我们认为这些都是美国人身上普遍存在也是存在已久的特征。举个例子, 以下 3 段文字节选自 1852 年的伦敦《记事晨报》, 是对美国即将入侵古巴这一事件的评论:

- 美国遍地都是鲁莽轻率的冒险者。
- 大多数美国人都向往纸醉金迷的世界, 他们心思贪婪, 在听取了政客们蛊惑人心的煽动后, 竟然认为整个新大陆帝国都应该是他们的囊中之物。
- 好斗是美国人的一大天性。

你同意我们的观点吗？是不是 19 世纪的美国人和现在的美国人比起来更加好斗，更像游击高手呢？

原因 18：太过傲慢自大——全世界都是错的，只有我们是对的！

我们不仅好斗，而且不乏傲慢自大的情绪，大人物们尤其是这样。这是由于某种巨大的盲点造成的。下面我们将给出一份调查，从中可以看出美国和世界其他国家之间观念的脱节有多严重——请大家拭目以待！

这是在 2001 年 11 月 12 日和 12 月 13 日之间，即 9 月 11 日世贸中心遭受恐怖袭击后的两个月，美国侵略阿富汗（2001 年 10 月 7 日）后的一个月所做的一份调查。此次调查与美国侵略阿富汗有关，下面列举了 4 个问题：

问　　题	美国人中给出 肯定回答的百分比	非美国人中给出 肯定回答的百分比
如果伊拉克支持恐怖主义，那么美国应该袭击这个国家吗？	50%	29%
美国的政策是造成"9·11"恐怖袭击的主要原因吗？	0%	26%
美国在全世界做过很多有益的事情吗？	52%	21%
美国在对恐怖主义发动战争时是不是忽略了其伙伴国的利益？	28%	62%

还有更多例子可以表明美国人不懂"己所不欲，勿施于人"的道理。我们前面也提到了，唐纳德在开办的有关交易的研讨会上收集了来自 6 大洲 60 多个国家数千名商务经理的相关数据。他问这些参与者在 11 种不同的交易情景——即 5 种商务情景、5 种个人情景以及应对不怀好意的律师时，他们倾向于使用的策略，其中最后一种情景可以算是个人的，也可以算是商务的。下面是来自美国和其他 10 个国家（地区）参与者给出的答复——比较一下美国人最爱使用的手段和其他 10 个国家（地区）的人最爱使用的手段：

交易情景	美国的经理人	其他国家的经理人
卖方: 想让买方多付钱	批发——大量兜售（第48种决策手段）	智利: 拿严重的后果威胁对方（第112种决策手段）
买方: 想让卖方把价格调低	对对方说"行就行，不行就算了"，然后准备离开——到此结束（第68种决策手段）	英国和澳大利亚: 提醒对方小心他们的竞争对手——无论是真实还是假想的（第4种防御手段）
请老板给自己加薪	嘿，让我们用数据说话吧（第104种决策手段）	巴西: 寻找同类需求者，并让他们帮助你（第76种防御手段）
请老板给自己升职	嘿，让我们用数据说话吧（第104种决策手段）	新西兰: 除了做好分内的事以外，还和对方保持着非常亲密的关系（第21种合作手段）
想要改变放假的日期	预计到对方会拒绝，并且提前解决这些问题（第13种防御手段）	泰国: 做出承诺而不是做出退让（第13种合作手段）
应对不怀好意的律师	控制议程（第53种决策手段）	印度尼西亚: 弱小有强大之处（第1种防御手段）
买房子	批发——大量兜售（第48种决策手段）	菲律宾: 提醒对方小心他们的竞争对手——无论是真实的还是假想的（第4种防御手段）
卖掉自己的车	批发——大量兜售（第48种决策手段）	马来西亚: 对对方说"行就行，不行就算了"，然后准备离开——到此结束（第68种决策手段）
躲避交通罚单	承认你的错误，并在对方责怪你之前道歉（第85种防御手段）	肯尼亚: 贿赂他（第20种花招）
让孩子自己收拾衣服	给予动力: 向孩子们施压（第66种决策手段）	中国香港: 以家长的威严让孩子感到自己做错了（第80种决策手段）
来自朋友的性好处		

你会注意到最后一种情景是空白的,这是为什么?事实上,这是在36个国家(地区)中——包括美国,人们以一致方式应对的唯一情景。但这同时也是男性和女性在应对方式上有很大不同的唯一情景。男性喜欢使用花言巧语恭维对方,并利用自身魅力(第60种决策手段),而女性喜欢让男士们小心他们的竞争对手——无论是真实的还是假想的(第4种防御手段)。这是因为无论走到哪里,男性都是追求者而女性都是被追求者。

如果你想要进一步了解不同国家的男性和女性,或是大人物和游击高手在应对这11种情境时最爱使用的策略,请登录 www.GuerrillaDon.com 进行查阅。

怎样让所有人都成为大赢家——从小处着眼!

如果你是美国人,那么以上18个原因足以让你重新审视你自己了。从第一个原因开始:认为自己是大人物:我们有扮演圣诞老人的心态。自大的情绪是要不得的。如果你以自己处处都是第一的姿态考虑问题或行事,那么人们就会渴望从你身上得到更多,这会使你在谈判中处于劣势。我们应该改变心态,学会从小处着眼,这正是游击高手的思维方式。你会在第5章里读到唐纳德的50种最强也是最少有人用到的手段之一就是第16种准备手段,从小处着眼。游击高手们经常会使用这一战术,这也是他们总能稳操胜券的一个主要原因。如果商务人员能够和游击高手一样以这种心态行事,那么也一定会取得相应的成功。下面解释原因:

唐纳德在他的研讨会上这样说道:

"做小生意的人是天生的游击高手——他们想到什么就可以做什么,因为他们没有什么可失去的。而做大生意的人经常会感到束手束脚,因为他们一不小心可能会失去很多东西。因此,他们做起事来会更加小心谨慎。做大生意的人很难像游击高手一样,从小处着眼,而不起眼的游击高手们却可以放心大胆地做任何事。他们往往会利用大人物畏首畏尾

的心态，赶超大人物，做出更好的成就。"

想要从小处着眼并同时取得成功，你需要拥有丰富的想象力和创造力。而沃尔玛集团的创始人山姆·沃尔顿，就是一个天生的游击高手，一个从来不害怕失败的人。山姆·沃尔顿先是有了一个伟大的想法，接着将它付诸实践，但是当时的零售业巨头们都认为其不足为患，这才没有打压抵制。胡志明也是一样，他先是在越南的广大农村地区站稳脚跟，然后再逐步向大城市转移。山姆·沃尔顿打败了当时的大人物们——凯马特零售公司（现在仍占有一定市场份额但势头已不如从前），伍尔科零售公司（早已经是过去时了），柯维特零售公司（同样早已经是过去时了），还有其他大型折扣连锁百货商店。下面我们将为大家讲述这位最成功的游击高手式商人的传奇故事，唐纳德在他开办的有关谈判和交易的研讨会上也讲到了他的故事，大家对这一部分内容都很感兴趣：

从小处着眼其实就是从大处着眼——
山姆·沃尔顿的成功事迹

山姆·沃尔顿是一位终极游击高手。本书的第 18 章将专门讲述他的经历。20 世纪 40 年代到 50 年代间，他在阿肯色州的西北部开了一系列小商店，专卖 5 美分和 10 美分的商品。经过发展，他和他的弟弟本在美国的阿肯色州、密苏里州和堪萨斯州拥有了 16 家连锁店。然而他发现由于伍尔科和凯马特这些折扣连锁超市的存在，自己正在不断地失去客源。尽管这些超市位于 160 公里开外的大城市，但是行业竞争依然激烈。人们不惜从本顿维尔（山姆·沃尔顿的本部所在地）驱车经过蜿蜒的山道，前往小石城、史密斯堡、斯普林菲尔德、乔普林、塔尔萨和萨斯城的折扣连锁超市。和这些超市相比，他没有任何的低价优势——他的商店规模太小，无法大批量采购。于是，山姆·沃尔顿决心要赶超这些大型连锁店，他有了一个大胆的想法，这一想法消耗了他大量的资产。

山姆·沃尔顿认为从购买力的角度上看，三个自己在本顿维尔的本·富兰克林杂货店的规模才能比得上一个较小型的伍尔科或凯马特折扣超市。于是他在阿肯色州几个小城镇的中心建起了小型厂房，接着又采购了大量的商品，使价格可以压低到那些大城市的折扣超市的价位。1962 年，山姆·沃尔顿在本顿维尔的第一家沃尔玛超市开业了。而那些大型连锁超市却表示不屑一顾,因为反正他们也不想在小城市发展。这些人可以说是智者千虑必有一失,他们都认为那些乡下小地方发展形成的势力不足为患,因此最终在各自的战场上败下阵来。

趁着那些零售业巨头们还没反应过来,山姆抓住机遇不断扩张超市规模。他不断地建厂房,增开零售商店,就这样扎根在小城镇上。最后他决定强势抢占大城市的市场。山姆首先在费城试水,开了一家沃尔玛,结果大获成功。接下来,沃尔玛的发展可以说是势不可当,当时的零售业巨头们也无计可施了。山姆开始在土地价格较低的大城市周边地区开起了沃尔玛连锁超市,规模比伍尔科和凯马特都要大。规模经济效应产生了。美国人开始前往郊区或远郊地区的沃尔玛购物,和开业已久的伍尔科和凯马特超市相比,新开的沃尔玛规模大,环境清洁舒适,对顾客来说更有吸引力,同时,沃尔玛的租金和保险费也要低得多。由于操作成本较高,那些超市的盈利远低于沃尔玛的盈利,无奈之下那些超市只好提升商品的价格。

就这样,沃尔玛成为了全世界最大的零售业巨头。伍尔科停业了,凯马特被西尔斯公司合并,其他的零售业巨头也纷纷歇业。还有谁记得美国东北部的折扣连锁超市巨头柯维特吗?那都是很久以前的事了。还有 GEM、金银岛和富之路这些 20 世纪 60 年代创立的折扣商店,他们的命运都是一样的。这个故事告诉我们:从小处着眼其实就是从大处着眼。即使你已经拥有了一家大公司,也要像赢家那样思考——从小处着眼!你会赢得更多。

第 3 章即将出现的问题

美国人过于迟钝,信奉个人主义,目光狭隘,生活随性,容易不耐烦,一言一行常在他人的预料之中,喜欢咄咄逼人,但又不乏诚实和天真的心态。我们喜欢扮演圣诞老人;希望博得别人的好感;基本上不懂给自己和别人留面子;讨厌沉默;到了最后签合同的时候还经常闹出其他情况,不像别的国家的人那样重视承诺。除此之外,英语是全球通用的语言,这是我们谈判时的一大不利因素。那么你究竟应该怎样应对这些问题呢?答案就是,你必须读懂大人物的心思,这就是克敌制胜的法宝。接下来,我们将在第 3 章里为你具体阐述。

第 3 章
了解你的对手——试着读懂大人物的想法

本章内容： 读完本章，你将了解到在谈判过程中与游击高手针锋相对的大人物的内心想法。你将学会利用大人物们"抬举自己，贬低对方"的心态，你还将学会耍一些小手段让对方站在你的角度为你着想。

我们的标题是不是很吸引眼球？当然了，否则我们也不会这样写。说到真正地读懂大人物的心思，中国人早在几千年前就提出了这个观点。孙子是中国古代的一位军事家，他的传世之作《孙子兵法》即使在今天还是一版再版。孙子在书中就有这样一句名言，"知己知彼，百战不殆。"唐纳德的第 32 种决策手段就解释了这句话：知己知彼——信息就是力量，我们将在第 5 章讨论这个问题。孙子的建议在今天仍然适用。尽量多掌握一些和你交手的大人物的信息，并逐渐摆脱自己的盲点，这样才能做到知己知彼。

但是，请记住这一点：尽管大人物和你在谈判桌上交手，但是他并不是你的敌人。就像杰伊在《优秀游击营销》一书中写的那样，所谓游击关系，其隐含的一层意味就是让你的客户——那位大人物取得属于他的成功。你不用击垮他，也不必羞辱他。相反，你要做的就是增加他的成就感，如果你能做到这一点，那么你就是胜者。说到这里，如何让对方也尝到胜利的滋味呢？下面有 7 条建议，按照实施力度递减的顺序排列：

游击高手应该怎么做	大人物做出的即时反应
为他提供可以谋取更多利润的好点子	他会感激不尽
为他提供有关客户的重要信息——有助于他提高销售量	他会很开心
按批发价供货	他会感到欣喜若狂
非常关注他	他会感到你在讨好他
每次业务拜访都让他感到自己是独一无二的	满足了他的自我意识
邀请他来研讨会，在会上向他透露有益的新想法	他会很愉快
不要对你的玩笑话抱太高希望	如果你的玩笑开得很有水准，他肯定会被逗乐，但是你的玩笑话还不足以让他有成功感

　　一般讲述大人物成功之道的书籍无非就是那些泛泛之谈和陈词滥调，比如下面这些：

- 他们会计算风险，不会鲁莽行动。
- 他们会积极地思考问题，就像拿破仑·希尔说的那样，"思考就能致富。"
- 在出现问题时他们不会责备他人。
- 他们坚持不懈，不顾一切艰难险阻，不断尝试。
- 他们在很多方面都有极佳的洞察力。

　　你必须要尽可能地多了解作为你对手的大人物，但是上面笼统的内容真的能够助你一臂之力吗？恐怕作用不大吧。那么现在，我们要做的就是进入大人物的内心世界，看看怎样才能让他们考虑并接纳你的想法。

第一印象

假设你和大人物预约好了要见面。如果你没有提前预约，唐纳德的第34种决策手段（利用你公司的或对方公司的接待员）可以帮助你化解被接待员拦在外面的尴尬局面。最理想的情况是约在你自己的办公室，但是往往事与愿违——你是一个游击高手，大人物会认为你更需要和他见面，而他却不急着和你见面。于是在他的强权施压之下，你还是主动跑来见他了。如果大人物也对你用上了游击战里使用的手段，千万别慌了神，请注意查看以下几点：

- 你的椅子是怎样放置的。如果是放置在大人物正对面的位置，那么就代表双方处于一种对峙的阵势；如果是在与大人物呈对角线的位置，那么气氛就会轻松一些。
- 如果他的椅子比你的椅子高，你就要提高警惕了！
- 如果你的椅子不怎么稳，你就要提高警惕了！
- 如果窗子在他的背后且阳光直射你的双眼，请提高警惕。
- 如果他的办公室里挂着自己以及公司的大幅正式照片或画像，你就要提高警惕了！
- 如果房间温度设置得过高或过低，请提高警惕。
- 如果总是有人进来打扰，你就要提高警惕了！这位大人物很可能在桌子下面安装了一个静音的蜂鸣器，好在适当的时机叫他的秘书进来打扰你们的会面。
- 他办公室的整体格局。如果他占据了办公室的绝大部分空间，而将对方一行人挤在一个小角落里，那么他就占据了主导地位。更多信息请参阅第16章，运用位置安排的力量——办公室的摆设传达的信息，这也是唐纳德的第19种防御手段。

请注意，我们称这些为游击战式的手段。对于真正的游击高手来说，这些招数很容易被对方看穿。因此它们是为希望成为游击高手的人准备的。很多大人物都暗自羡慕那些游击高手，并且在潜意识里希望自己更有冒险精神，这样就拉近了自己和真正的游击高手之间的距离。这一点从大人物们的某些爱好中就可见一斑，比如说，如果他们在周末骑着摩托车出去兜风，那就说明他们很有可能将摇身一变成为游击高手。但是，大人物们的这种渴望正是他们的一大软肋，你也终将学会如何利用这一点！不过首先，你必须要让大人物能够认真听你的话。

从杰伊和唐纳德的爱好中你能看出他们各自的性格吗？

杰伊的爱好：滑雪，自驾车在整个北美地区探险游玩，打扑克，益智问答游戏，看芝加哥白袜队打比赛。

唐纳德的爱好：收集史高治·麦克老鸭叔叔的纪念品，包括麦克老鸭的车牌照，骑摩托车，玩沙滩车，打高尔夫，变戏法，打扑克，下象棋，参加美国的各大滑稽俱乐部的业余选手表演会。

如何让大人物不仅能认真听你的话而且愿意接受你的建议

首先，你必须想办法打破自己受制于对方权力的局面。只要大人物们的优越感还存在，他们就很有可能不愿意听你说话——至少，不愿意认真地听你说话。

有权有势的人通常都对自己的想法很有自信。所以如果你想让他们接受你的观点，就必须不动声色地动摇他们的自信。下面列举出了6种方式，你认为哪一种最高明？哪一种最拙劣？

- 运用合理的逻辑攻击他深信不疑的想法。
- 强势地据理力争。
- 迎合大人物的自我心理。

- 想办法让大人物暂时褪去头顶上的权力光环，但是如果这种情况持续的时间过长，他就会对你产生厌恶，还可能把你轰出去。
- 在你陈述完自己的观点之后提醒对方回到支配地位。
- 在你陈述完自己的观点之前提醒对方回到支配地位。

答案将在本章结尾为你揭晓。下面你还将学会如何让大人物听取你的新想法：

权力会让人感到亢奋，这是不折不扣的事实。它让大人物们对自己的想法深信不疑，并且依此行事。如果你能够暂时让一个有权势的人淡忘自己的权势，并稍稍动摇他的自信心，那么你就得到了一个绝佳的机会，可以让对方耐着性子听取你的意见。下面就是唐纳德的做法：

- 说一些能够暂时动摇他自信心的话，比如抛出一些他不知道的话题，或一些他不确定的事。这会让他的自信指数下降。
- 但是不要滥用这种打击对方的小把戏，不然他可能会把你赶出他的办公室。要注意选择一个好地点，最好不要在他的办公室里运用这个技巧。一旦离开了办公室，那些彰显他身份地位的物件也就都在他的视线之外了，抓住这个时机发动攻势，动摇他的自信心，才会产生事半功倍的效果。
- 请记住这一点：进行游说时，关键并不是要让他心悦诚服，而是动摇他的自信心，让他知道自己也会犯错就可以了。这时候他会开始意识到自己也有行差踏错的可能，就会更加在意你说的话——应该说是非常在意你说的话。

但是仅仅让大人物开始在意你说的话还是远远不够的。第二个难关就在于，在你陈述自己的想法后，要想办法立即让他重新回到之前认为自己绝不会犯错的思维状态中。当大人物再次意识到自己的地位后，他会更加坚信自己最新产生的想法——也就是你刚刚告诉他的那些话。所以，你要适时地恭维他一下，提醒他回到那个高高在上的位置。

小结一下，只要你按照下面的三步走，大人物就很有可能改变自己的注意力：

- 动摇他的自信心——暂时性的。
- 来一场高水平的演说。
- 提醒他，让他知道自己仍处于支配地位，让他回到那个自信满满的状态。这样他就会重新感受到权力的力量，对你所说的话深信不疑。

终极游击高手

提醒他，让他知道自己仍处于支配地位是重中之重。现在我们就教会你如何不动声色地做到这一点——成为终极游击高手，就像我们在第二章说的那样，你需要效仿山姆·沃尔顿。

怎样才能成为终极游击高手？到底什么叫做终极游击高手？人人都可能成为山姆·沃尔顿第二，让我们来看一看以下 3 段话：

- 对或错只是一句话的事，真正重要的是你做了什么。
- 你要是做得太多，人们就会依赖你。你要是什么都不做，他们就会失去希望。所以你只需要点到为止。
- 只要你做得得当，人们就不会察觉出你动了什么手脚。

如果这些话你听起来觉得有点耳熟，那么你很有可能和唐纳德一样，是美国喜剧漫画及动画片《飞出个未来》的粉丝，该片的创作者也是动画片《辛普森一家》的创作者。这部搞笑的动画片的背景设定在公元3000 年的新纽约，主角叫班德，是一个喜欢诅咒、和人吵嘴干架，有盗

窃癖，大抽雪茄，重度嗜酒又赌博成性的机器人。他是行星快递的销售助理，这个快递和联邦快递、联合包裹服务公司和国际快递的性质差不多。这3段话都摘自于这部动画片在2002年福克斯电视台首播的《天降上帝》这一集。

> 机器人班德被错误地发射到外太空，一小群外星人开始在他的身上生长起来。他们把班德视为上帝，而班德也尝试着像上帝那样帮助他人——但总会为人们带来灾难性的后果，人们死的死，伤的伤。后来，班德继续在外太空中穿梭，他遇到了真正的上帝，下面是他们的对话：
>
> 班德：我打赌有很多人都向你祈祷，是吧？
>
> 上帝：是的，但是向我祈祷的人太多了，提出的要求也太多了。时间一长，就不想再管这些事了。
>
> 班德：我呢，曾经也当过一回上帝。那感觉糟透了，不管我是想帮助他们还是不想帮助他们，到头来我还是帮不上一点忙。你觉得我做错了什么吗？
>
> 上帝：对或错只是一句话的事，真正重要的是你做了什么。想当上帝可不是容易的事。你要是做得太多，人们就会依赖你。你要是什么都不做，他们就会失去希望。所以你只需要点到为止，就像保险箱窃贼和扒手做的那样。只要你做得得当，人们就不会察觉出你动了什么手脚。

唐纳德早在看过《天降上帝》之前就已经下意识地懂得了这个道理。你也应该明白这一点，那就是凡事点到为止，才能成为终极游击高手。只要你做得得当，人们就不会察觉出你动了什么手脚（唐纳德的第31种准备手段）。这话说起来容易，做起来难，对于自我意识很强的人来说尤为如此。对此，我们的建议就是：调节你的自我意识（第10种准备手段）。

我们心目中的终极游击高手是谁？你早就知道啦！他就是沃尔玛的创始人——山姆·沃尔顿。第2章已经向你讲述了我们如此推崇他的原因。

你在这里学到的东西以及接下来的内容

在这一章里，你成功打入大人物的内心世界了吗？我们希望答案是肯定的。你已经学会了怎样做才能让大人物感到你在增加他的成就感，怎样从你的第一印象中了解你面对的这个大人物，怎样让他认真听你说话，接受你的意见，以及怎样成为终极游击高手。接下来的内容是什么？接下来就是我们这本书的核心内容了：第 4 章里将谈到唐纳德的 365 种主流策略和游击高手的 22 种最强游击手段。然后是唐纳德的 365 种手段中最强的 100 种：第 5 章到第 9 章将讲述 50 种人们最不常用的手段，第 10 章到第 15 章将讲述人们一再使用的 50 种手段。在看这些内容之前，让我们看一看前文提出的问题：如何让大人物认真听你说话。

如何让大人物认真听你说话——答案

从最高明的手段到最拙劣的手段：

- 最高明的手段：想办法让大人物暂时褪去头顶上的权力光环，但是如果这种情况持续的时间过长，他就会对你产生厌恶，还可能把你轰出去。
- 次高明的手段：在你陈述完自己的观点之后提醒对方回到支配地位。
- 较一般手段：强势地据理力争。
- 一般手段：迎合大人物的自我心理。
- 较拙劣的手段：在你陈述完自己的观点之前提醒对方回到支配地位。
- 最拙劣的手段：运用合理的逻辑攻击他深信不疑的想法。

GUERRILLA
DEAL-MAKING

第二部分

游击谈判高手的最强游击手段

第 4 章

游击谈判高手的最强手段

本章内容：本章将为你讲述唐纳德的 365 种策略，其中有 98 种最强手段是以黑体字标示的。当然，也会介绍游击谈判高手最爱使用的 22 种游击手段。

唐纳德·韦恩·亨顿的 365 种最强交易手段

在这 365 种手段中，有 98 种最强手段是以黑体字标示的，我们将在第 5 章到第 15 章谈到它们。其中有 48 种是人们**最不常使用的，**另外 50 种是人们**一再使用的**——包括游击高手和大人物们。

31 种准备手段

如何开始做准备（7 种手段，1-7）

1. 未雨绸缪——情况总是在不断变化的。

2. 仔细判断要打一场什么样的战斗——准备，排演，分配时间。

3. 张弛有道——运用"80/20"规则抓重点。

4. **向孩子们学习，让自己的思维转得更快。（不常使用）**

5. **端正态度——必须要了解对方的需求。（不常使用）**

6. 移情作用——站在对方的角度看问题。

7. 不要轻易被人说服。

如何处理自我意识（4 种手段，8–11）

8. 不要为了博得对方一笑而一味付出。（不常使用）

9. 认清自己和对方身上的盲点。

10. 调节你的自我意识。

11. 面对错误——承认错误，汲取教训。（不常使用）

如何应对紧张和负面情绪（2 种手段，12–13）

12. 冷静下来，轻松应对。

13. 投入的增加——花冤枉钱是愚不可及的。（不常使用）

要勇敢（3 种手段，14–16）

14. 不要害怕失败。

15. 做好准备，相信自己的直觉，然后付诸行动。

16. 从小处着眼。（不常使用）

投入与气节（2 种手段，17–18）

17. 全身心投入。

18. 保持气节——决不能丢掉它。

做出让步（1 种手段，19）

19. *如何做出让步——20 件该做的事和 20 件不该做的事。（一再使用）*

最合适的顺序是什么？（4 种手段，20–23）

20. 顺序：从易到难。

21. 顺序：从难到易。

22. 首先报价，推动谈判进程。

23. *你先松口，我才能松口。*（一再使用）

<u>最后几笔</u>（6 种手段，24-29）

24. 谈判结束时不要过于满足——保持一定的求胜欲望。

25. 保证体力充沛。

26. 空着肚子谈判。（不常使用）

27. 选择在早上而不是下午谈判。（不常使用）

28. 面对对方的异议——保持好奇，不要感到生气或难过。

29. 用热情感染他人。

<u>大师级战略家</u>（2 种手段，30-31）

30. 学会并精通象棋艺术。

31. 只要你做得得当，人们就不会察觉你动了什么手脚。

121 种决策手段

<u>干扰对方</u>（4 个部分共 22 种手段，1-22）

第 1 部分. 基本手段（1 种手段）

1. 出其不意，攻其不备。（不常使用）

第 2 部分. 制造出乎意料的效果（9 种手段，2-10）

2. 攻击对方的自我意识——冷嘲热讽。

3. 出其不意——让你的专家出面。

4. 出其不意——向对方透露新信息。

5. 提出对方意想不到的新话题或更宽泛的问题。

6. 在谈判中流露出反差极大的情绪。

7. 换新的团队领导或者没有领导。

8. 改动谈判队伍的成员。

9. 改变最后期限，出其不意。

10. 经常改变谈判的地点（不同的会议室，不同的场所，甚至是不同的城市）。

第 3 部分 . 伪装（6 种手段，11–16）

11. **装傻充愣，对对方说："你说谁，我吗？对不起，我还不知道呢。"（过度使用）**

12. 假装听不懂对方的语言，借机偷听。

13. 假装不懂当地的风俗。

14. 假装相信对方的表演。

15. **表现出大惊失色的样子。（一再使用）**

16. 做出让步时表现出痛苦的情绪。

第 4 部分 . 其他 6 种干扰方式（6 种手段，17–22）

17. **将劣势转为优势——然后反攻！（不常使用）**

18. **上演一场装疯卖傻的好戏。（不常使用）**

19. **不要太快给大人物开出最优惠的条件。（一再使用）**

20. **如果你是卖方，就让买方反过来围着你转。（不常使用）**

21. 在对方生气的时候转移他的注意力。

22. 引诱对方的技巧——先引诱，接着拒绝，然后再次引诱。

适当予以肯定（5 部分共 28 种手段，23–50）

第 1 部分 . 把握时机（6 种手段，23–28）

23. 什么时候说话，什么时候停下。

24. **防止作为买方后悔不迭——对对方的提议不要迅速接受。（一再使用）**

25. **"3 次法则"。**（不常使用）

26. 拉长谈判的时间。

27. **向汽车经销商学习——让大人物和游击高手投入大量时间。**（不常使用）

28. *合理利用最后期限。*（一再使用）

第 2 部分 . 加深了解（5 种手段，29-33）

29. 一开始要抱着怀疑的态度——识别对方的 12 种障眼法，11 种挡箭牌和 14 种骗局。

30. 用你的创造力反过来对这 37 种障眼法、挡箭牌和骗局加以利用。

31. *侦察并利用对方的盲点。*（一再使用）

32. **知己知彼——信息就是力量。**（不常使用）

33. 讲求逻辑，并让对方知道你是讲求逻辑的。

第 3 部分 . 涉及他人（4 种手段，34-37）

34. 利用你公司的或对方公司的接待员。

35. *保持战斗力——各个击破。*（一再使用）

36. **让大人物的得力助手助你一臂之力。**（不常使用）

37. 如果你经验不足，就让专家或代理人协助你谈判。

第 4 部分 . 夸耀与揭短（6 种手段，38-43）

38. *表现得傲慢自大——利用自信压倒对方。*（一再使用）

39. *以自我为中心——我是最棒的！*（一再使用）

40. 从众效应——引领大部队的前进方向。

41. **暗示你的力量，而不是故意展现你的力量。**（不常使用）

42. 穿着非常讲究。

43. 故意穿着邋遢。

第5部分.6个绝对透明的手段，外加一个叫人诧异的手段（7种手段，44-50）

44. **一个唱红脸，一个唱白脸。（一再使用）**

45. **先吓唬对方，再摆出救世主的姿态。（不常使用）**

46. 让对方对你产生依赖，从而更加轻松地操控对方。

47. *设置诱饵，让对方的注意力从你想得到的东西上转移开。（一再使用）*

48. *批发——大量兜售。（一再使用）*

49. 拍卖——小量竞价。

50. *虚张声势——不要让人轻易看穿你的谎言。（一再使用）*

对峙，控制以及压倒对方（3部分共9种手段，51-59）

第1部分.对峙（2种手段，51-52）

51. 双方对峙——要对方摊牌。

52. 双方对峙——问对方："为什么在我面前耍花招？你就不能消停一会吗？"

第2部分.控制（3种手段，53-55）

53. 控制议程。

54. 控制谈判进程。

55. 控制你的团队提供给对方的信息量。

第3部分.压倒对方（4种手段，56-59）

56. *愿望清单 vs 实际清单。（一再使用）*

57. 在你能做主的地方谈判——即在你自己的地盘谈判。

58. **团购行动/群体伏击/快闪暴走。（不常使用）**

59. 保证你的谈判团队的规模要比对方的大。

善意的谎言，在模糊地带角力，说"不"的战略力量（3个部分共13种手段，60-72）

第1部分. 善意的谎言（3种手段，60-62）

60. *使用花言巧语恭维对方，并利用自身魅力。（一再使用）*

61. *即使你没有掌握多少资料，也要让大人物相信你已掌握了很多资料。（一再使用）*

62. 适度夸张，注意不要过头。

第2部分. 在模糊地带角力（8种手段，63-70）

63. 先拿钱，后做事。

64. **先斩后奏。(不常使用)。**

65. 小心有诈——但是不要先耍诈。

66. *干劲十足，让对方时刻感受到压力。（一再使用）*

67. 下最后通牒。

68. *对对方说"行就行，不行就算了"，并做好准备离开的准备——到此结束。（一再使用）*

69. 让对方知道你抱着非常坚定的态度要实现目标。

70. 勇敢面对，不要害怕。

第3部分. 说"不"的战略力量（2种手段，71-72）

71. 坚定不移——说"不"。

72. *千万不要接受对方的拒绝。（一再使用）*

性质恶劣的手段（4个部分共29种手段，73-101）

第1部分. 威胁（5种手段，73-77）

73. *告诉对方你准备走了，这笔生意不做也罢。（一再使用）*

74. 告诉对方你要向上级申诉。

75. 告诉对方你要把秘密公之于众——很快，所有人都会知道了。

76. 告诉对方你要上告政府、警方等管制机构。

77. 用武力威胁对方。

第 2 部分 . 直接震慑对方（12 种手段，78–89）

78. ***用传统风俗和惯例震慑对方。（一再使用）***

79. 用口号、格言震慑对方。

80. ***通过让对方感到内疚来震慑他。（一再使用）***

81. 通过夸大事实震慑对方。

82. 通过扣帽子来震慑对方。

83. 如果你是一个大高个儿，就用你的身高震慑对方。

84. 用你的财力震慑对方。

85. 扮演"圣诞老人"——表明自己能给得起。

86. 用法律手段震慑大人物。

87. 用非凡的领导力震慑对方。

88. ***用奖惩策略震慑对方。（一再使用）***

89. 说大话，震慑对方。

第 3 部分 . 利用嫉妒心理（6 种手段，90–95）

90. 运用你在公司的地位震慑对方。

91. 运用你的文凭震慑对方。

92. 运用你的职业声望震慑对方。

93. 用他人无法撼动的地位震慑对方。

94. 运用你的专业知识或带上一位专家震慑对方。

95. 如果你是名人，就用自己的身份震慑对方。

第 4 部分 . 暗中震慑对方（6 种手段，96–101）

96. 从直接沟通改为间接沟通，暗示自己的不满。

97. *将对方置于被动地位——谴责他，否决他等等。（一再使用）*

98. 故意犯错误。

99. 诱导对方犯愚蠢的错误。

100. **不要理会对方——做到充耳不闻。（不常使用）**

101. 假装发脾气。

耐久力（3 种手段，102–104）

102. 会哭的孩子有奶喝——坚持不懈，灵活应对。

103. *蚕食对方——耗尽对方的力量，赢过他。（一再使用）*

104. *嘿，我们还是用数据说话吧。（一再使用）*

登门槛技巧 / 得寸进尺法（3 种手段，105–107）

105. 登门槛技巧——先伸脚卡门。

106. 登门槛技巧——接着活动一下脚趾。

107. 登门槛技巧——然后把门踢开。

大人孩子都能够玩的游戏（5 种手段，108–112）

108. 像孩子一样思考和行动。

109. 用"剪刀石头布"打破僵局。

110. 故意大哭——极力博同情。

111. 勇者游戏与小鸡博弈。

112. 拿严重的后果提醒对方。

其他决策手段（9 种手段，113–121）

113. 把你的手表和手机收起来——确保对方看见你这么做。

114. 多搞些形式，让你做的协议看上去更正式。

115. 提前准备好合同，拿给对方签。

116. 做一个叛逆的人——反潮流而行，让人难以捉摸。

117. 绝不浪费一次危机。

118. *把"我"的问题变成"我们"的问题，最后变成"你"的问题。（一再使用）*

119. 说："如果……那怎么样？"最好能让对方问你："具体怎么做？"然后你再回答。

120. 挑战对方以促其变化。

121. 确保分散下注。

92 种防御手段

微妙的力量（4 种手段，1–4）

1. *弱小亦有强大之处。（一再使用）*

2. 寻求同情。

3. 唤起对方的道德感和正义感。

4. *提醒对方小心他们的对手——无论是真实的还是假想的。（一再使用）*

心理战术（5 种手段，5–9）

5. *当对方强势出击时分散他的注意力，打乱他的阵脚——就像日本武士做的那样。（不常使用）*

6. *使用模糊数额，而不是实际数额。（一再使用）*

7. 对另一个人而不是你的谈判对手进行宣战。

8. 变成一只"鸵鸟"。

9. *付出精力最少的人将赢得最多。（不常使用）*

沉默的力量（3 种手段，10–12）

10. 保持沉默，一言不发。（不常使用）

11. 不要做出任何回应，无论是积极的还是消极的。

12. 说完后随之做出意味深长的停顿。

关注对方（2 种手段，13–14）

13. 预计到对方会拒绝，并提前解决这些问题。

14. *降低对方的期望值。（一再使用）*

身体语言——你将学到的最重要的用于影响和劝说他人的技巧。（5 种手段，15–19）

15. 认真观察对方的身体语言。（不常使用）

16. 用你自己的身体语言操纵对方。（不常使用）

17. 运用身体语言让对方感到安心。

18. 运用触碰的力量——身体语言之身体接触。（不常使用）

19. 运用位置安排的力量——办公室的摆设传达的信息。（不常使用）

让步（1 种手段）

20. 仔细观察你和对方的让步模式，并做记录。（不常使用）

信息（4 个部分共 6 种手段，21–26）

第 1 部分．收集信息（2 种手段，21–22）

21. 像神探可伦坡一样低调行事，然后反攻。

22. 收集并核实得到的信息——明辨真假，揭穿谎言。

第 2 部分．运用信息（1 种手段）

23. 合理利用假设。

第 3 部分 . 散布信息（1 种手段）

24. 利用小道消息。（不常使用）

第 4 部分 . 保护你的信息（2 种手段，25-26）

25. 守护你的秘密——要有保护意识。

26. 不要做贪小便宜的外行人——选择专业的安全公司。

<u>7 种类型的拖延</u>（7 个部分共 47 种手段，27-73）

第 1 部分 . 明显拖延（5 种手段，27-31）

27. 拖延时间——消失一小段时间。

28. 公开拖延时间。

29. "准备不足" 的力量——故意丢三落四，假装准备不周。（一再使用）

30. 找借口对对方避而不见。（一再使用）

31. 多打打官腔。

第 2 部分 . 我的钱包空了（4 种手段，32-35）

32. 我负担不起——没有多余的钱了。（过度使用）

33. 我不能做犯法的事。

34. 我无能为力——公司不允许我这么做。

35. 我不能做昧良心的事。

第 3 部分 . 让对方白费力气——让他重新来过（4 种手段，36-39）

36. 制定新规范。

37. 提出新的方案。

38. 建议新的选案。

39. 在已制定好的议程中加入新的问题。

第4部分.将问题复杂化，让他一个头两个大（7种手段，40-46）

40. 信息过载——给对方过多不重要的信息，太多细枝末节掺杂其中。

41. 不停地询问更多信息。

42. **不要向对方透露非常重要的信息。（一再使用）**

43. 反反复复对不重要的问题进行详细的解释。

44. 总是在对方耳边大声嚷嚷那些复杂的问题。

45. 不停地说，不给对方插嘴的机会。

46. 极端复杂化——成立新的组织机构，可以是真的，也可以是骗他的。

第5部分.透明的障眼法（12种手段，47-58）

47. **我的资料信息不小心丢失了。（不常使用）**

48. 我的顾问临时外出。

49. **坦诚相待——但是要确保自己不会受到伤害。（一再使用）**

50. 突然提出要去洗手间。

51. 突然说自己很饿或很渴。

52. 故意给出一个蹩脚的解释。

53. 创造性地使用含混言语。

54. 偶尔换换谈判的场所。

55. 换一个团队领导。

56. 在团队里加入一些做事慢吞吞的成员。

57. 必要时悄悄按下静音的蜂鸣器示意门外的人进来，打断双方的对话。

58. **岔开话题——讲点笑话，谈谈体育，来活跃气氛。（不常使用）**

第 6 部分 . 吸 "心" 大法——广泛获取意见（4 种手段，59–62）

59. 接连不断地做调查。

60. 成立调查委员会。

61. 成立学习小组。

62. 召开峰会。

第 7 部分 . 竖起盾牌——保护性防御机制（11 种手段，63–73）

63. 忽略现实，将注意力放在不切实际的可能性上。

64. 无视新信息，从而避免发生任何改变。

65. 合理地说明问题。

66. 过分认可己方公司。

67. 抬高自己的身价——表现得像大人物或贵宾一样。

68. 感到不满意的话就要求赔偿。

69. 让情绪在高兴和愠怒之间波动。

70. 把你的错误投射到对方的身上。

71. *不停地唠叨——表达轻微的不满。（一再使用）*

72. 明目张胆地试图控制对方。

73. 表现出敌意。

借助他人的力量（5 种手段，74–78）

74. 团结起来力量大。

75. 联合行动——闭厂、罢工或联合抵制。

76. **寻找盟友，并让他们帮助你。（不常使用）**

77. 寻找有影响力的盟友，并让他们帮助你。

78. 重新定位对方——不仅要让他成为你的同盟，还要让他成为你的良师益友。

利用新闻媒体（3种手段，79–81）

79. 借助新闻媒体做好宣传工作。

80. 有的时候，负面宣传也不失为一件好事。

81. 将对方"妖魔化"以吸引眼球。

当对方发现你在耍花招时该怎么做（4种手段，82–85）

82. 找一个替罪羊。

83. 对对方说："别怪到我头上，不是我做的。"

84. 对对方说："没错，是我做的，不过是魔鬼驱使我做的。"

85. 承认你的错误，并在对方责怪你之前认错。

自信的防御手段（7种手段，86–92）

86. 可以设想的最糟糕的情况。

87. *你应该更大方一点！（一再使用）*

88. *提出平等交换的要求，但不会接受对方的承诺。（一再使用）*

89. 不要失去动力——不要向不合理的要求低头。

90. 这不是和你争辩，而是做出反攻。

91. 让对方选择你希望他选择的方案。

92. 确保对方认识到他只能顺着你的意思来，否则他别无出路。

16种顺从手段

双方做出让步（1种手段）

1. 估算你和对方做出的每次让步的美元价值。

合理利用时间（2种手段，2–3）

2. 使用承诺拖延时间。

3. *动之以情——给对方一些吸引人的选择，让他对你的产品或服务产生好感。（一再使用）*

文字游戏（2 种手段，4-5）

4. 对对方说："是的，但是……"

5. 对对方说："是的，而且……"——这更有效。

极端顺从（4 种手段，6-9）

6. 不要争辩。

7. 像海绵一样柔软，而不是像墙壁一样强硬。

8. 枪打出头鸟。

9. 乞求对方——如果不管用，那就祈祷吧。

让步的同时留住面子（3 种手段，10-12）

10. 一步一步慢慢来。

11. 视情况开出条件。

12. 不要轻易让步——每次让步的时候都要更加强硬地与对方讨价还价。

获得帮助（1 种手段）

13. 最后的手段——进行仲裁或调解。

愚蠢地顺从（2 种手段，14-15）

14. *采用折中办法（一再使用）*

15. 自我摧毁——看见我，抓住我，阻止我，拯救我。

聪明地顺从（1 种手段）

16. *接受失败，拿好你能得到的东西——别自讨没趣。（一再使用）*

24 种合作手段

合作的三大要素（3 种手段，1–3）

1. 耐心的力量。（不常使用）

2. 让对方感到高兴，他就会心甘情愿地为你付出。

3. 派咨询顾问前往助阵，而不要派销售代表扰人。

与对方结成同盟（4 种手段，4–7）

4. *互惠原则——你帮我，我也帮你。（一再使用）*

5. 找到最佳盟友——那就是你的对手。

6. 保持亲密关系——但是不要发生性关系。

7. 保持亲密关系——可以亲密无间。

诚实（3 种手段，8–10）

8. 绝对的诚实——告诉对方你的底线。

9. 告诉对方你的缺点——不要遮遮掩掩。

10. 如果有不明白的地方就大方承认——不要遮遮掩掩。（不常使用）

说话的艺术（3 种手段，11–13）

11. 表达清楚你的态度，不给对方曲解你的机会。

12. 保持良好的势头——让对方松口，尽早并尽可能多地答应你的要求。

13. *做出诱人的承诺而不是让步。（一再使用）*

倾听（2 种手段，14-15）

14. 代价最小的让步——做一个专注的听众。（不常使用）

15. 掌握积极倾听的技巧并多多使用。（不常使用）

谈判结束后也可以继续合作（4 种手段，16-19）

16. 额外的福利——谈判结束后送给对方一份小礼物。（不常使用）

17. 当你成为大赢家的时候，要给对方留面子。

18. 确保谈判结束后对方脸上有光。（不常使用）

19. 即使你赚了很大一笔也要让对方认为你吃了亏。（不常使用）

合作的 5 种程度（5 种手段，20-24）

20. 心理诱导——通过与对方的深度合作，成为他职业生涯中必不可少的一分子。（不常使用）

21. 除了做好分内的事，还要和对方保持非常亲密的合作关系。

22. 除了做好分内的事，还要和对方保持一般亲密的合作关系。

23. 帮助对方先行垫付一部分金额。

24. 安抚对方的情绪，注意要表现得真诚一点。

81 种骗局与花招 [①]

把握时机（2 个部分共 6 种手段，1-6）

第 1 部分 . 在谈判开始之前。（2 种手段，1-2）

---

① 注意：文中提到的一部分花招不仅是不道德的，而且是违法的，列出这些花招的目的在于提醒读者多加防范，并不是提倡读者使用这些花招。

1. 拖延时间至最后期限，让对方无计可施只得点头。（不常使用）

2. 打造无懈可击的好名声——自夸并让别人也来吹嘘你。

第 2 部分．在谈判结束之后（4 种手段，3-6）

3. 在签约的最后一刻提出额外的要求。（不常使用）

4. 在签约之后立即要求重新谈判。（不常使用）

5. 表明自己权力有限——"不过我还得先问一下领导。"（一再使用）

6. 打击报复——破坏对方的庆功会。

试探对方（2 种手段，7-8）

7. 故意在一开始破坏一些不重要的规则。

8. 故意在一开始犯一些无关紧要的小错。

故意装出办事不力的样子（7 种手段，9-15）

9. 故意搞混日期。

10. 故意搞混净利润和毛利润。

11. 故意搞混单利和复利。

12. 故意对合同条款做一些不起眼的小改动，希望对方不会察觉到。

13. 不劳而获的心态。

14. 给对方损坏的纸币（小额）。

15. 针对买方的"掉包抬价"诱售法。

暗中操纵价格（3 种手段，16-18）

16. 卖方的"掉包抬价"诱售法。（不常使用）

17. 卖方一开始就提高价格——虚报高价法。

18. 买方一开始就压低价格——虚报低价法。

运用法律手段（4 种手段，19–22）

19. 打毫无意义的官司，给对方惹麻烦。

20. 贿赂对方。

21. 勒索对方。

22. 歪曲真相，整顿调整。

打探情报（2 种手段，23–24）

23. 用合法手段发掘对方的秘密。

24. 用非常规的手段发掘对方的秘密。

傲慢的态度（3 种手段，25–27）

25. 摆出高高在上的姿态——声明"我可是有特权的"。

26. 自以为是，道貌岸然。

27. 做出得意的样子——让对方认为你已经掌握了大量有关他和他公司的信息。（不常使用）

话语与谣言（3 种手段，28–30）

28. 诽谤对方。

29. 孤立对方。

30. 孤立你的对手。

心理战（19 种手段，31–48）

31. 羞辱调侃对方。

32. 让到访者直面刺眼的阳光。

33. 自己的椅子要高一些，到访者的椅子要矮一些。

34. 自己的椅子要稳，到访者的椅子不要太稳。

35. 故意请对方蒸高温桑拿。

36. 故意请对方吃冰饮。

37. 会议室的装潢要体现出威严的气势。

38. 令人生畏的背景，操控他人的音乐。（不常使用）

39. 马拉松式谈判——开通宵会议。

40. 频繁改动会面时间，让对方猝不及防。

41. 第一种黑暗料理——提供难吃的饭菜。

42. 第二种黑暗料理——造成轻微的身体不适。

43. 为到访者准备一个脏兮兮的洗手间，让他感受肮脏抽水马桶的威力。

44. 在会议室里制造难闻的气味。

45. 让到访者住在简陋的旅馆。

46. 让到访者住在肮脏的贫民窟。

47. 刻意安排各种情况打断谈判。

48. 在异常愉快的氛围中打断谈判。

真正的战斗（5 种手段，49–53）

49. 利用斯德哥尔摩综合征——和对方建立关系，再利用对方。

50. 表现出极大的敌意。

51. *把对方吓得魂飞魄散——让他怕你。（一再使用）*

52. 惹怒对方，让他发脾气。

53. 真正的暴力——用蛮力解决。

恶意的谎言（3 种手段，54–56）

54. 双重谎言——用错误的数据误导对方相信你的谎言。

55. *公然撒谎，而不只是夸大其词。（一再使用）*

56. 谎称撤退——实际上你仍在那里，隐藏在中间人的身后。

<u>利用对方的贪心又轻信他人的特点</u>（4 个部分共 19 种手段，57-75）

第 1 部分. 买方对卖方耍的把戏（3 种手段，57-59）

57. 故意超额预定——在同一时间安排多个约会。

58. 猜猜谁在这里？猜猜等一会儿谁会来？

59. 猜猜谁在隔壁房间里？

第 2 部分. 卖方对买方耍的把戏（2 种手段，60-61）

60. 库存极度短缺。

61. 这个项目我们很快就不做了。

第 3 部分. 设骗局（14 种手段，62-75）

2 种网络钓鱼诈骗（只能以电子邮件为渠道）（2 种手段，62-63）

62. 彩票中奖诈骗。

63. 预付手续费诈骗——一笔巨额款项等待人去领取。

3 种博同情的骗局（3 种手段，64-66）

64. 上门征订杂志欺骗。

65. 出租车换钱欺骗。

66. 机场要钱欺骗。

2 种磕磕碰碰的诈骗（2 种手段，67-68）

67. 故意造成轻微的交通事故诈骗。

68. 公路上用死猫死狗等挡路诈骗。

2 种检查诈骗（2 种手段，69-70）

69. 给我好处，否则我就以违反卫生条例的名义勒令你停业。

70. 检察人员与秘密合伙人从事的欺诈活动。

3 种旅游诈骗（3 种手段，71–73）

71. 为虚假服务索要定金。

72. 为逃避关税而进行欺诈活动。

73. 扮演假警察进行彻底搜查。

2 种性诈骗（2 种手段，74–75）

74. 来见一见我的妹妹——她是个医生。

75. 邀请参加性派对。

第 4 部分 . 终极输家（1 种手段）

76. *利用终极输家贪心又轻信他人的两大软肋。（一再使用）*

其他 4 种花招（4 种手段，77–80）

77. 将对方置于被动地位——故意让他丢脸，但不能做得过火。（不常使用）

78. 用一些稍稍令人反胃的行为来恶心对方。

79. 故意混淆事实：采用一个和名人或知名公司的名字相似的名字。

80. 麻痹对方的意识或判断——故意给他用精神药品或给他灌酒。

最恶劣的花招（1 种手段）

81. 厚脸皮，黑心肠。

另外，还有这样一招可以对付告密者、恐怖分子和心理失常的人：一种特殊的额外手段

在讲述 22 种游击手段之前，包括你在内的游击高手们可能会对这样一条信息感兴趣：唐纳德的 365 种手段是他的讲座"如何谈判并获胜"的精华所在，而唐纳德通常都选择在国外讲授这场讲座的内容。这是因为唐纳德的大多数客户都在国外。如果你想拥有在美国或其他国家（地区）开设这场讲座的专利权，请和唐纳德联系，他一定会对你知无不言并悉心指导你，直到你全面掌握讲座的所有内容为止。你可以登录 www.GuerrillaDon.com 查看更多详细内容，或者通过发电子邮件与唐纳德联系，他的邮箱是 donhendon1@aol.com。

另外，如果你还有其他的技巧（除唐纳德列举出来的以外）——我们是指能够在谈判中制胜，让对方按照你的想法行事的技巧——请将它们发送给唐纳德，他会择优选入他的下一套丛书中。希望大家集思广益，我们在此向你表示衷心的感谢。

游击谈判高手的 22 种最有力的手段

1. 总是先发制人。

2. 时刻保持警觉，抓住潜在的制胜良机。

3. 攻击大人物的软肋。

4. 采取震慑行动。

5. 伏击大人物，在他意想不到的时间和地点发动攻势。

6. 知道应该避开谁，以及在什么时候避开他。

7. 只有在己方力量占上风时才主动出击。

8. 只有在有把握取胜时才主动出击。

9. 采取比大人物更加灵活自由的招数。

10. 不要被自我意识牵着走，该撤退的时候就撤退。不仅要知道这一点，更要能真正做到这一点！

11. 当对方占上风时就迅速撤退，伺机再战。

12. 在小胜一回合后迅速撤退，迷惑对方。

13. 散布虚假信息迷惑对方。

14. 打乱对方的阵脚。当对方想着东面的时候，你就从西面进攻。

15. 趁大人物尚在犹疑时一击取胜。

16. 削弱他的实力。具体怎么做？骚扰他，分散、耗尽他的实力，破坏他的运输线和通信线。

17. 使用大人物的物资。

18. 寻找同盟——你处于劣势，因此需要他人的帮助。能在大人物对手的公司或媒体界找到同盟就再好不过了。

19. 除了同盟，你还要招募"间谍"——即在大人物的公司里找一位对他怀恨在心的人，帮你做事就是帮他报仇。

20. 好好对待你安插在对方身边的"间谍"。

21. 不要完全相信你安插的"间谍"——他们可能是"反间谍"。

22. 行动起来毫不留情。

GUERRILLA DEAL-MAKING

第三部分

唐纳德的48种最强且人们最不常使用的策略

大多数大人物们很有可能猜不到你会用到这些手段，因为它们的使用频率实在是太低了。当然了，这也是这些大人物们交易谈判时如此强大的重要原因。如果你是一个真正的游击高手，一个跳出了传统思维方式的人，那么你一定会爱上这些手段，并对在大人物身上使用它们感到乐此不疲。但是如果你在和另一个游击高手谈判的时候，情况会怎么样呢？即使你的谈判对手一般多是大人物们而不是游击高手，你总会在生意场上或私人生活中遇到游击高手吧。因此，你要做好准备——使用第5章到第9章里为你提供的反击方法来取胜。无论对于大人物还是其他游击高手来说，这些反击方法都是行之有效的。

第5章将要讨论的是唐纳德的48种最强且人们最不常使用的策略中的8种手段，它们都属于准备范畴。下面是第6章到第9章的内容：

- 第6章将讲到13种决策手段。
- 第7章将讲到12种防御手段。
- 没有什么人们不常使用的有力的顺从手段，因此第8章将讲到8种合作手段。
- 第9章将讲到7种花招。

接下来，让我们从第5章的8种最强且人们最不常使用的准备手段讲起。

第5章
威力强大且人们不常使用的8种准备手段

本章内容：8种准备手段：向孩子们学习；端正态度；不要为了博得他人一笑而一味付出；面对错误；不要花冤枉钱；从小处着眼；空着肚子谈判；选择最佳谈判时间。

作为游击高手的你，在开始进入谈判阶段之前，应该摆正心态，收集信息，这样算是做好了准备工作。你需要得到相关的情景信息，以及你的谈判对象（无论是大人物还是其他的游击高手）的背景信息。这里有8种最强大——也是人们最不常使用的策略，可以帮助你做好准备，在与大人物或是游击高手过招的过程中取得胜利。由于这些手段的使用频率不高，你一定会打得对方措手不及——这就大大增加了你的优势！第4章中列举出了唐纳德的31种准备手段，下面讲到的就是其中最具杀伤力的8种手段。

第4种准备手段：向孩子们学习，让自己的思维转得更快

用直觉思考是游击高手的一大优势。大多数大人物总是抱着那些老旧的传统，按照严格的规则和程序办事。而顶级的游击高手们总是充满想象力、创造力和创新力，用自己的直觉思考问题并能很快地适应环境，但这似乎是说起来容易做起来难。真的是这样吗？这里为你提供一种快

速简单的方法：像自己小时候那样对待问题，因为孩子们是天生的游击高手！

　　孩子们总是充满生命的活力，喜欢尝试多种不同的方法，他们精力充沛，小脑袋里装满了各种办法和计谋——但是他们自己可没有意识到这些。最重要的是，即使这次失败了，下次他们还会想出新的好主意再接再厉。比较一下孩子们和成年人吧。成年人做起事来总是感到束手束脚，难以自如地运用计谋，而且害怕冒险。成年人就像是一款初级的电脑游戏，内存和处理器能力有限。当你和一个孩子一起打电脑游戏的时候，孩子通常会占上风，那么你们两个到底谁更厉害？你也知道答案，那就是孩子更厉害。所以多向孩子们学习吧，成为一个赢家！

　　多向孩子们学习，对于游击高手来说尤为重要，请看下面的表格，我们列举了成年人和孩子之间的区别：

成年人信奉的准则	孩子们违反这些准则并相信
处理问题的方式要么是对的，要么就是错的	可以通过不同的方式完成某件事
不要问愚蠢的问题	提出一些看似愚蠢的问题可以增强我们的洞察力
专家绝对不会错	专家也经常会出错
不要犯傻	适当犯犯傻可以将人从世俗的束缚中解放出来
不要犯错	犯错通常会让人洞察新的事物，做出伟大的发现
不要玩那个东西	对于孩子们来说，什么东西都可以成为他们手中的玩具，因为他们有这种神奇的能力可以把平凡的事物变得新奇好玩。这是想象的力量：任何事物都有可能变成另一种事物。

现在，将表格中的"成年人"换成"大人物"，将"孩子们"换成"游击高手"。明白我们的意思了吗？

两种制胜反击攻略

如果你感到那些富有创造力的人对你造成了威胁，那么你本身很有可能就是个没有什么创造力的人。值得庆幸的是，即使你喜欢固守成规，不愿意尝试新事物，我们也有法子让你变得更有创造力。

唐纳德经常会召开研讨会，讨论如何让人们变得更具创造力，下面就是他谈到的 11 种最重要技巧：

- 多向孩子学习
- 头脑风暴
- 列举原因
- 结构分析
- 强迫关系法
- 延迟判断
- 横向思维
- 缺陷清单
- 101 种用途
- 大脑有氧运动
- 多读一些教人们变得更有创造力的书籍，按照书中提供的方法勤加练习。

请登录 www.GuerrillaDon.com 查阅这 11 种技巧的具体解释。

如果你的谈判对手明显地表现出像孩子一样的状态，那么你最好无视他。就让他继续自娱自乐吧，你就当看戏好了。但是，如果他越跑越偏了，并且让你感到十分烦躁的话，你可以使用下面提供的两种制胜的反击方法让他变回成年人的状态：

- 首先，尝试第 112 种决策手段，拿严重的后果提醒对方。也就是说，如果大人物不接受你的提议，你就帮他想好接下来会发生什么样的严重后果，但是请保证你的预测很有可能实现。

- 接下来的反击方法没有第一种手段的杀伤力大，因为很多人都没有这种能力，也很难得到这种能力。那就是用法律手段震慑大人物（第 86 种决策手段）。这是警察拥有的权力。认为道理在你一边，从而让你盲目相信自己具有这种权力——但是如果大人物认为你没有这种权力，那么这一招也就派不上用场了。

第 5 种准备手段：端正态度——我必须要了解对方的需求

在你有权了解对方的需求之前，面对众多模棱两可的不确定因素，你必须学会处之泰然。还记得自己第一次学骑自行车的情景吗？做交易的时候就想想那时的状态。和学骑自行车一样，交易的过程是混乱的，充满变数的，很难做到平平稳稳，也无法直线进行。交易就像人们的生活一样，是一个需要你去主动维系平衡的过程，而不是被动保持平衡的过程。不要因为自己摇摇晃晃，难以平衡就找借口放弃。享受这种摇摆不定的感受吧，因为在平衡的艺术中，辗转于安全与不安全的境地中，你的生活会因此变得更加富有激情。所以你要学会允许不安全因素的存在，不要仅仅因为想要掌控一切而强迫自己了解对方的一切。毕竟你只是一个游击高手，即便你打败了大人物，也永远不会和他一样做到大权在握。

一种制胜反击攻略

如果大人物的态度暧昧不清，那么你就要按照第 3 种合作手段来做：派咨询顾问前往助阵，而不要派销售代表扰人。记住，对方的需求是他最重视的资产，这是他能否在将来取得成功的秘密所在，因此他不会轻易透露自己的需求。你已经意识到自己的需求，清楚地知道自己需要让大人物按照自己设计的套路走下去，所以这一点已经不再是你要关注的焦点了，现在你要关注的是了解对方的需求。一旦得知对方的需求，你就可以做出对策，用自己的产品和服务满足他们。

不要急于了解对方的全部需求。想想你的另一半，她是你在这个世界上最亲近的人。那么你知道她的所有需求吗？当然不会！即使她很爱你，在这方面还是会有所保留的，所以更别指望你的大人物对手会告诉你他的所有需求了。

那么，怎样才能有权知道大人物的需求？不能只靠你来发问他来回答，你要做出销售顾问的样子——而不是劝说人。如果你是销售代表或操纵者，当你试图劝说对方的时候，你是按照自己的需求在促成交易——而不是他的需求。而顾问却是站在对方的立场上说话，想要取得对方的信任可能需要很长时间，但是你的付出绝对会得到超值的回报。

尽管如此，你还是不要表演得太投入了。顾问和变色龙可不一样，变色龙总是为了适应环境说变就变，但是你一定不能丢了自己的身份和气节（第 18 种准备手段）。

第 8 种准备手段：不要为了博得大人物一笑而一味付出

不要为了博得大人物的好感而给他太多甜头。你应该多爱惜自己，这样就不会沦落到渴望他来爱你。不要再唱什么"没有钱就没人爱"，从现在起改唱"金钱买不来我的爱"。

这种害怕别人不喜欢自己的心态会带来什么危害？这种恐惧会让你一味地付出。假设你是一位部门主管，你想要做好人，于是放任部分雇员将午餐休息时间延长到两个小时。而这帮不知好歹的家伙就会觉得你好欺负，于是继续延长用餐时间，而且慢慢地也会在工作的其他方面表现得吊儿郎当。部门里的其他雇员看在眼里，不仅不会喜欢你，还会默

默地鄙视你。就这样你失去了每个人对你应有的尊重，部门业绩不一路
下滑才怪呢。

3 种制胜反击攻略

如果大人物不在意你是否喜欢他，那就说明他手头上的业务多得很，
不愁少你一个。在这种情况下，你有如下应对方法：

- 做好功课，收集并核实得到的信息。弄清楚他的事业到底有多成
  功（第 22 种防御手段）。
- 接下来，利用自己已知的信息，告诉他两件事：一是他和你的生意
  一旦谈成，对他的事业来说将是锦上添花的好事，二是让他小心
  这个绝佳的机会就要从他的手指缝中溜走了（第 39 种决策手段：
  我是最棒的。第 88 种决策手段：奖惩兼济）。
- 告诉他这些事之后，迎合他的自我心理——恭维他。大人物通常
  都自命非凡，享受被人恭维的滋味（第 60 种决策手段：使用花言
  巧语恭维对方，并利用自身魅力。第 24 种合作手段：安抚对方的
  情绪）。

第 11 种准备手段：面对错误——承认错误，汲取教训

爱自己有助于激起自我意识，但是在使用第 11 种手段的时候，你必
须把自我意识放到一旁。就像第 10 种准备手段建议的那样，这时你就可
以心平气和地列出自己所犯的错误。我们建议你做这样一份列表，实时
更新，并从中汲取教训，确保同样的错误不再犯第二次。

事实上，做一份错误列表比你想象的要容易，原因如下：

第一，听说别人的糗事的确是乐事一桩，比如我们经常听到的笨贼
抢便利店的笑话。唐纳德写的《产品营销的经典失败案例》一书中记录

了 68 个领域的 800 多个商业错误。其中很多错误都是当事人一时犯傻导致的，相当滑稽可笑。

第二，我们对痛苦的记忆多于对快乐的记忆，因为我们的生活中痛苦的经历相对较少且伤人很深。我们追求的是快乐，并且很多事都能带给我们快乐。很少有什么能让我们感到刻骨铭心，然而痛苦就是其中之一。

但是，尽管我们会记住自己所犯的痛苦的错误，我们还是难免会重蹈覆辙。这是为什么？原因就是失败会给人带来极端情绪化的体验。当你失败的时候，你的焦虑指数会一路飙升。有时，你甚至会否认自己失败的事实。你会用"失误"或"错误"这样的词来代替——就是不愿意用"失败"这个可怕的字眼。也就是说，你开始在委婉语里寻找慰藉，就像人们用"与世长辞"代替"死去"，用"风尘女子"代替"妓女"。另外在宾夕法尼亚州，当核反应堆出现严重的部分熔毁时，人们甚至轻描淡写地称之为"快速氧化"，媒体在报道时也称其反应堆芯释放的热量还比不上 17 个家庭烤箱释放的热量。

不要使用委婉语。请实事求是地称它们为"错误"，并承认错误，汲取教训，不要再重蹈覆辙了！

两种制胜游击反击攻略

- 不要因为被大人物指出了你的错误而感到不安，相反，你要感谢他们这样做（第 10 种准备手段：调节你的自我意识）。
- 如果你和这位大人物私交甚好的话，你可以在玩笑的氛围中提醒他犯了什么错误，让他觉得你以后也会帮助他避免犯这些错误。在他认定你是他的良师益友之后，你就顺理成章地成了他最有价值的客户之一（第 78 种防御手段：重新定位你的对手——不仅要让他成为你的同盟，还要让他成为你的良师益友）。尽一切可能让他失去自我意识。

第13种准备手段——投入的增加: 花冤枉钱是愚不可及的

如果你已经掉进洞里了, 就别再继续挖了! 你会越陷越深的! 同理, 如果你已经损失惨重, 还死守在谈判桌上不愿离开, 糊里糊涂地继续让步, 那你就真的是蠢得无可救药了。这种情形是十分有利的——当然不是对做出让步的那一方有利, 而是对于接受让步的那一方有利。

我们的意思是: 无论是积极的情绪还是消极的情绪, 都会扰乱每个人的决定过程, 不管你是游击高手还是大人物。销售者应该将目标锁定在那些早该抽身却到现在都不肯退出游戏的客户身上, 他们就是一座座金矿。他们会不断让步, 为你提供取之不尽的财富!

如果你还执迷不悟, 就等着惨败收场吧。下面将教你怎样应对:

- 淡忘自我意识。像象棋手一样头脑冷静, 深谋远虑(第30种准备手段: 学会并精通象棋艺术)。下象棋并不是一种纯智力上的比拼, 前任世界象棋冠军卡斯帕罗夫曾这样说过, "象棋是一种暴力的运动, 当你和对手针锋相对的时候, 你要主动出击并摧毁他的自我意识。"在象棋的战场上, 你需要全力以赴制服对方。千万不要意气用事, 意气用事的人都将成为失败者, 在我们看来, 他们做出了一个容易但是糟糕的决定, 接下来他们就必须做些蠢事来维护这个决定。

- 扑克玩家也是你学习的对象。人们很容易就可以从牌桌上看出谁是输家。在输了一大笔钱, 成败已成定局的情况下, 他们还是嚷着再来一局。他们情绪化地认为自己一定能把本钱给扳回来, 却忘了这些钱输掉了就是输掉了, 和他们要不要再来一局没有任何关系。也就是说, 他们不懂得何时出手, 也不懂得何时收手。

- 这一点适用于你的感情生活。很多人在倾注了多年的感情后, 却发现自己和对方的关系俨然走进了死胡同。他们不愿承认这段感情是个错误，于是很多人不管三七二十一就硬着头皮结了婚，结果这段失败的婚姻还是以离婚告终。他们和前文讲到的执拗的扑克玩家一样，都在拿自己的感情或钱打水漂。所以，当事态发展到很糟糕的地步时，一定要快速地及时抽身。不要让你的损失越来越大。不懂及时收手的人就是输家！不过谢天谢地你是一个游击队员。记住了，和大人物比起来，游击队员能失去的东西要少得多。

- 带一支笔、一张纸和一个计算器，谈判的时候就把它们放在你面前。你应该关注眼前的数字，而不是被情绪牵着鼻子跑（第54种决策手段：控制谈判进程）。

- 尽量在情绪平稳下来之后再做决定（第28种防御手段：公开拖延时间）。这一过程需要多长时间？如果你遭受了亲人的离世或离婚了，这种情绪波动肯定会持续很长时间。但是如果在开车时被后面的某个家伙抢了道，那么你就该很快地消气。所以，平稳情绪所需的时间一定处于两个极端之间。

制胜反击攻略——无招胜有招

第13种准备手段很少有人用，但是很有杀伤力——当然是对对方有杀伤力了！所以在这里我们不提供任何反击攻略！你只要记住，谈判桌的另一边坐着的可是一座金矿！是一处埋着金子的矿藏！试着和笨人做生意吧——无论对方是大人物还是游击队员——只要够笨，他们就会一个劲儿地往里砸钱。你就可以利用这一点赚他一笔。另一方面，如果你想让大人物感到你确实把他的最高利益放在心上了，那么就延迟和他的谈判，选一个他心情不佳的时候再出动（第2种合作手段：让对方感到高兴，他就会心甘情愿地为你付出）。这样一来，他就会认为你是一个品格高尚又会安慰人的聪明人。

第 16 种准备手段：从小处着眼

我们认为你应该将这一点作为总的指导方针。为什么呢？因为这正是游击手段的精髓所在。不从小处着眼，那还叫什么游击战呢？在第二章我们谈到了山姆·沃尔顿这位商业领域最成功的游击高手。他从小处着眼，取得了巨大的成就。永远记住这一点——小公司可以失去的东西不多，所以他们可以放心大胆地做任何事。大人物的公司一旦犯了什么错，失去的东西可就多了，因此他们一般不会轻易行动。大人物害怕受到打击后一蹶不振，于是放弃了很多机会，而游击高手们却恰恰利用了这些机会。就像 20 世纪 70 年代一首流行歌曲唱的那样，"自由就是无所顾忌的代名词"（来自安妮·莫莉的《我和波比迈克吉》）。

唐纳德接下来的著作中有一部就叫《解放自我——从小处着眼赢得大局！》，敬请期待。

两种制胜反击攻略

- 这整本书都在教你从小处着眼，向游击高手的思维方式靠拢并取得胜利。你有很多手段可以选择。因此，当你和另一位游击高手谈判的时候，你还是要从小处着眼（第 16 种准备手段）。大人物基本上是不会用到这一招的——这是他们的天性使然。

- 与此同时，记住山姆·沃尔顿的成功事迹，这会增加你作为一个游击队员的荣誉感。抓住机遇，不要害怕失败（第 14 种准备手段），这样你和大人物谈判时就不会感到害怕了。你甚至还会想着把山姆的照片挂在你的办公室里，或在钱包里放上一张他的照片。它们会提醒你，你也有可能和沃尔玛的创始人一样成为大赢家。作为一个游击高手，你应该感到自豪。

第 26 种准备手段：空着肚子谈判

这是为什么？因为生理上的饥饿会导致心理上的饥饿。大多数人都是第一次听到这种说法，他们都不以为然。唐纳德的很多客户直到亲身尝试过后才相信这一说法，并很快意识到这一方法的神奇之处。其实，在你感觉饥饿的时候，你会听到自己的肚子在咕噜噜地叫，而此时你的心理饥饿感也出现了。你想得到更多，于是会开口要求更多，这样做的结果就是：你的收获会更多。但是当你吃得饱饱的时候，就很有可能产生睡意，警觉性降低。更重要的是，你在心理上也会有一种满足感，所以就不会提出太多要求了，这样做的结果就是：你的收获会减少。

两种制胜反击攻略

- 尽量不要在吃饱饭后去谈判。如果大人物的肚子在咕噜噜地叫，你就要提高警惕了（第 14 种合作手段：竖起耳朵听）。他现在感到很饿，可能会向你提出更多要求。
- 如果你认为对方正饿着肚子，就尽可能将谈判推迟到午餐后，他还会称赞你想得周到呢（第 27 种防御手段：拖延时间——消失一小段时间）。

第 27 种准备手段：选择在早上而不是在下午谈判

很多人在第一次听到这种说法的时候也是将信将疑，但事实上它是有道理的。大人物和游击高手们的日常工作时间是从早上 8 点或 9 点到下午 5 点，一般来说，他们上午的思维更加敏捷。到了下午的时候，他们就会感到有些疲惫了。因此，我们认为谈判的最佳时间是上午 10 点，这时你的思维是最敏捷的。最不适宜谈判的时间就是下午 2：30，这时你

正感到疲倦。"5 小时能量"饮料的市场营销人员似乎和我们的看法一致，他们在广告中也强调，办公室白领感觉最困倦、最容易犯懒的时候就是下午 2：30。

一种制胜反击攻略

即使你认为自己在晚上工作的效率更高，我们还是建议你在早上和对手谈判。如果你的对手要求在下午谈判，你最好在会前一小时补充一些能量饮料（第 25 种准备手段：保证体力充沛）。

你也可以这样变通，如果大人物上你这里登门造访，你应该为他准备一杯咖啡而不是橙汁。因为某学术期刊上刊登的一项实验表明：当你给对方准备咖啡（不是无咖啡因的咖啡）时，会更容易让对方答应你的要求。与提供橙汁相比，提供咖啡会让对方对你的认同度提高大约 35%。而我们都知道，咖啡可以提神，让人思维敏捷。

不要看到学术期刊就头疼——它们会是你的得力助手！

我们猜你们中有很多人在看到标题中的"学术期刊"四个字后就顿时没兴趣了。事实上我们发现，有些期刊的目标受众虽然是大学教授和研究人员，但是对于我和唐纳德这样的游击谈判手来说，读起来也有受益匪浅的感受。我们建议大家有空就读读这些期刊。你可以先上网查看有哪些文章，再挑那些你认为有用的文章仔细读一读。如果你想知道如何让对方听你的话，可以在以下 6 种学术期刊的相关文章里找找灵感：

- 《人格与社会心理学》杂志
- 《应用社会心理学》杂志
- 《应用心理学》杂志
- 《实验心理学》杂志
- 《消费者心理学》杂志
- 《消费者研究》杂志

第6章
威力强大且人们不常使用的13种决策手段

本章内容： 出其不意攻其不备；化劣势为优势；装疯卖傻；让买方围着你转；三次法则；让大人物投入时间；知己知彼；让对方的助手助你一臂之力；暗示你的力量；先吓唬对方，再来做救世主；群体伏击；先斩后奏；不可撼动的地位；充耳不闻。

第四章列举出了121种决策手段，杰伊和唐纳德都更倾向于使用这一章里介绍的手段，因为它们在实战中更有效。或许以游击高手的性格，这一类手段运用起来才是最得心应手的。

> 游击高手的性格到底是什么样的？决策性强，有进取心，这都是游击高手的一大特性。加拿大的一位大学教授彼得·赫德发表了多项学术研究，证明一个人手指的长度和他的积极进取心态或消极被动心态相关。相比食指和无名指一样长的人，食指比无名指短得多的人更有上进心。这和胎儿时期母亲子宫里睾丸激素的水平有关。还有一些学者研究的是手指的长度和同性恋倾向的关系。（我们猜你现在一定在看自己的手指！）

唐纳德开办的劝说—影响—权力—谈判研讨会的众多参与者的亲身经历，告诉他这样一个颠扑不破的真理：如果你一开始就强势开标，并做出不轻易退却的姿态，让对方知道如果自己做出让步就是伤害自己的利

益，那么你会赢得更多（第 12 种顺从手段：不轻易让步）。大人物和游击高手们都对此表示认同，我们多年的研究也支持了这一观点。下面是我们在 2007 年的一部分研究：

- 强势开标的人比那些合理开标的人得到的更多。
- 弱势开标的买方会以比卖方可接受价格高得多的价格完成交易。
- 弱势开标的卖方会以比买方可接受价格低得多的价格完成交易。
- 奇怪的是双方都觉得谈判的结果对自己有利，这可能是因为双方都无法准确地猜到彼此的底线。这样看来，"无知便是福"这句话说得一点没错啊。

我们不推荐一再使用防御手段，因为这会给使用者带来 18 种不利后果，而且只要他们停止防御，还会出现 20 种有利后果。欲知更多详情，包括人们一开始就做出防御姿态的 20 种原因，请登录 www.GuerrillaDon. com。

下面为大家介绍唐纳德的 13 种威力强大且人们不常使用的决策手段。

第 1 种决策手段：出其不意，攻其不备

打乱大人物和其他游击高手的阵脚，可以让他们改变计划从而为自己谋利。日本战国时代著名的格斗武士宫本武藏（1584–1645 年）在离开皇宫后执笔写作，完成了《五轮书》这一著作。这本书曾多次再版。他在书中提出了一条重要的应对建议，那就是保持自身平衡的同时分散对手的注意力，出其不意，乱其阵脚。他就是第一个说出"趁敌人尚在犹豫不决时，迅捷劈砍，一击取胜"这番话的人。在第 7 章中谈到第 5 种防御手段时，我们还会提到这部《五轮书》。

可以达到上述目的的做法有很多。唐纳德发现整个亚洲地区商场里

的印度店家就经常使用这样的招数，每当有人走过他们的小铺子时，他们就会高声喊道"对不起，打扰了"。行人们先是吓了一跳，停下脚步，接着这些老板就开始推荐他们买这买那。唐纳德通常都会应声答道，"怎么了？我的鞋子着火了？"然后再送他们一个白眼，径直走开。

这里还有一个出其不意的方法。假设你在挨家挨户卖圣诞贺卡，你认为以下哪句话对顾客来说最有吸引力？（1）便宜卖啦！一张贺卡只要345 分钱！（2）便宜卖啦！一张贺卡只要 3.45 美元！（3）一张贺卡只要 3.45 美元。

现在揭晓答案：如果第一种叫卖能打两分的话，第二种只能得一分，第三种只能拿零分。原因就是第三句话没有强调"3.45 美元"是特价，而第一句话中"345 分钱"的说法是人们意想不到的。游击高手们的一举一动就是这样让人意想不到。

3 种制胜反击攻略

- 不要让大人物把你的注意力从你的目标上移开——你要从他那里大赢一把（第 17 种准备手段：全身心投入）。

- 但是注意态度要温和——不要学唐纳德讽刺那些引起他注意的印度老板们，你可以使用第 24 种合作手段（安抚对方的情绪），但要避免第 2 种决策手段（攻击对方的自我意识——冷嘲热讽）。

- 有的时候大人物会和你东拉西扯分散你的注意力。举个例子，假设你想让一个上班总是迟到的雇员按时上班，而他却这样说："其他人也迟到，你怎么不说他们？"你就可以这样应对：问他一些问题分散他的注意力，让他处于被动地位，比如说"如果我允许你上班迟到但不允许其他人这样，人家肯定会认为我在偏心你。这就是你想要的吗——让大家认为你是老板跟前的红人？"这就是第 5 种防御手段，像日本武士一样分散对方注意力再攻其不备。

第 17 种决策手段：将劣势转为优势——然后反攻

第一印象通常都是不准的，但是却会在人们的脑海中保留很长时间。比如说，你长得又矮又胖，看上去呆呆笨笨的，说话声音也刺耳得很，那么别人对你的第一印象肯定好不到哪去。不过如果你真的长着这样一副痴傻的模样，那么就好好利用这一点吧。生理上的缺陷诚然会让别人对你的第一印象大打折扣，但是他们也会因此低估你。事实上，我们建议你利用这一点继续行动。这是为什么呢？因为你这样做会让大人物和其他游击高手低估你的能力。接着在适当的时机，上演反攻的好戏——通过使用谈判的各式奇招向对方证明自己也是有学识、有技巧、有智慧的。剧情的反转一定会让对方大吃一惊，接下来的事就好办了。

两种制胜反击攻略

小心那些装疯卖傻的人。他们有可能是故意演给你看，好让你低估他们，放松警惕。这些人中的大多数都会给你来一个剧情反转，顺便掏空你的荷包。

- 因此，在正式谈判开始之前多收集一些对方的信息（第 22 种防御手段：收集并核实得到的信息）。
- 先发制人，让对方知道你已经掌握了有关他们的大量信息（第 27 种花招：做出得意的样子——让对方以为你已经掌握了大量有关他和他公司的信息）。

第 18 种决策手段：上演一场装疯卖傻的好戏

上演一场好戏——表现得越疯狂越好。当大人物和其他游击高手看到你对自己的事业这样近乎痴迷地执着，他们会更加信任你。那么装疯卖傻要到什么样的程度？我们已经在第5章里说过了，向孩子们学习，模仿这些天生的游击高手。你可以试着发发脾气，违反一下规则，装装可爱，大哭一场，或者表现得神叨叨的，这些都可以。我们在第4种准备手段中也谈到了这一点——你还记得吗？

4种制胜反击攻略

如果大人物或者其他游击高手在你面前这样演戏的话，你可以尝试使用以下4种攻略：

- 你要静观其变。等大人物装疯卖傻的劲儿过去以后，仍旧一语不发，只是不以为然地摇摇头。接着过了十几秒后，你要打破沉默，对他说："你又回到了往常的状态，真好。现在我们可以开始谈生意了吗？"但是你要确保自己的语气中没有讽刺意味。使用第10种防御手段（保持沉默，一言不发），避免使用第2种决策手段（攻击对方的自我意识——冷嘲热讽）。

- 只要他开始装疯卖傻，你就收回之前的提议。渐渐地，他会意识到自己的这种行为正在让自己遭受损失（第19种准备手段：如何做出让步——20件该做的事和20件不该做的事）。

- 对他说："我喜欢这样看着你，你的表演实在是太投入，太有激情了。你一定很满意自己的表现吧。"使用第52种决策手段（双方对峙——问对方："为什么在我面前耍花招？你就不能消停一会吗？"），以及第60种决策手段（使用花言巧语恭维对方，并利用自身魅力）。

- 如果他的行为真的让你感到很烦躁，而且你也不在乎少做这一桩生意的话，就直接掉头走吧。生命如此短暂，何必要浪费在看这种无聊的表演上（第68种决策手段）。

第 20 种决策手段：如果你是卖方，就让买方反过来围着你转

不要急着向大人物买方展示自己给出的条件有多诱人，要将他置于被动的位置——让他证明为什么他值得你开出这样的条件。但是注意不要表现得太过傲慢自大。这可能有点不合逻辑，但确实是行之有效的方法。有这样的一个例子：一个人去应聘工作，对大人物面试官说："我手头上已经有两份工作邀请了，请你告诉我为什么我要为你工作而不是为其他两家公司中的某一家工作？"

3 种制胜反击攻略

- 向大人物买方询问具体的数字（第 22 种防御手段：收集并核实得到的信息）。告诉他你需要这一信息，然后你就可以确定能否在交易中跟他们抗衡或者打败他们。
- 如果他不告诉你，你可以转头就走（第 68 种决策手段：到此结束）。
- 然后他知道你在全方位地估量他，这会增加你的优势。利用这一优势反转他企图将你置于被动位置的局面，并且让他知道，失去你这个客户就意味着失去了一大财源（第 39 种决策手段：我是最棒的）。

第 25 种决策手段：全球通用的 "3 次法则"

"3 次法则" 的意思是：对大人物的头两次出价说 "不" ——注意要不假思索地说 "不"。直到他第 3 次出价时再点头同意。好好想想吧，如果你工作勤奋，急于做出成绩，于是在大人物或其他游击高手第一次开价时就一口答应下来（忽略了第 24 种决策手段），但是你事后一想好像觉得有点不对劲了：要么觉得价格高了，要么觉得自己买错了东西。太早点头同意往往会让你遭遇"赢家的诅咒"，即付出高价，并最终让你产生"翻盘重谈"的念头。另外，大人物也会因此轻视你，因为他还指望自己遇到了一个懂游戏规则且会谈判的聪明人呢。大人物一向鄙视那些头脑简单的人，而从你迫不及待同意对方的出价这一点看来，你还就是个头脑简单的人。

面对大人物和其他游击高手时，你应该学会使用"3次原则"。我们打赌直到你第3次出价时他们才会点头同意——只要第3次出价在他们可承受的范围之内。同样，这一法则的使用也会满足人们的某种心理。你的对手——无论是大人物还是另一位游击高手——都会在拒绝你两次后产生一种心理上的满足感。

3种制胜反击攻略

- 做生意时不要急于一锤定音。记住，在对方说"不"的时候，他只是想让你知道他不是迫不及待地想要完成交易。所以当对方说"不"的时候，不要立马给对方一个过于慷慨的让步（第19种准备手段：如何做出让步——20件该做的事和20件不该做的事）。记住，你们都只是在按照游戏规则出牌。

- 怎样说"不"比较好？你可以试着这么说："我觉得这个价还可以，不过我还是要先和我的老板说一声。"当然了，这就是第5种花招（表明自己权力有限——"不过我还得先问一下领导"）。

- 另一种方式：直接告诉他："你应该更大方一点！"（第87种防御手段）

第27种决策手段：向汽车经销商学习——让大人物和游击高手投入大量时间

无论是大人物还是游击高手，在商业冒险中投入的越多，他们就越关注，越渴望得到回报。因此，你只要能让对方投入大量时间和你谈生意，

那么谈判成功的可能性就不小了。但是，不要忽略第 2 种准备手段：认真选择你的战场。你在和对方谈判时同样也倾注了自己的时间，因此，在使用这一手段时，要确定自己可以耗得起这么长的时间，而且和你的时间比起来，对方的时间更宝贵。于是，在你打算使用这一手段之前，算算看自己的时间值多少钱，再推测一下你的大人物对手的时间值多少钱。下面，我们将教你如何推算：

每一小时值多少美金

将你去年的收入除以 2000，（为什么是 2000？因为这差不多就是你一年的工作时长——假设你一周工作 40 小时，一年工作 50 周，放假两周。如果你的工作时长不是 2000 小时，换个数字就可以了。）得到的就是你每小时的收入。假设你去年赚了 40 万美元，除以 2000 后就是每小时赚 200 美元。如果这一数字和大人物每小时的收入比起来相差 1000 美元，那么你可以多花一个小时和他讨价还价，因为如果你能从他那里赚得 1000 美元，那么你将额外收入 800 美元。但是你必须学会面对现实，想要从对方手里额外赚得 1000 美元实际需要几个小时的讨价还价？如果你觉得这可能会花上 5 个小时或更长时间，那就别费这个心血了，直接同意他的出价。欲知更多有关合理安排谈判时间的内容，请登录 www.GuerrillaDon.com。

汽车经销商要么是天生的大人物，要么希望成为大人物，他们就经常运用这一手段。他们盘算着，"这个家伙在展厅里待的时间越长，就越有可能买下这辆车。"唐纳德就曾经在一个安装了电铃的展厅里，和一个喜欢强行推销的汽车经销商过过招，他将自己的经历写成了一个 11000 词的小故事，发布在 www.DonaldHendon.com 上。你可以在这个网站自行下载，请看仔细了，不是 www.GuerrillaDon.com。这则故事也出现在了唐纳德的《影响你的 365 种有力方式》一书中。他正在写一本新书，教人如何以机智胜过汽车经销商，这本书的名字有可能就是《不要在安装了电铃的展厅里买车》。为什么要在展厅里安电铃呢？每当销售员卖出一辆车，他就会按一下电铃。其他销售员一听，便立马斗志昂扬，但这却让

082

买方和潜在的买方感觉像吃了个苍蝇似的不舒服。如果今后你在展厅里看到了电铃，就赶紧离开那儿吧！

7 种制胜反击攻略

- 让大人物也投入大量时间（第 27 种决策手段）。他的时间一般来说都比你的时间宝贵——请记住，作为一个游击高手，你没有什么好失去的，这就是你的优势所在。如果大人物在谈判中倾注了大量时间，那么他就很有可能会付出更多，确保让你称心如意，好让交易能顺利进行下去。

下面提供 3 种方法，让大人物和其他游击高手投入大量时间：

- 特意安排他们到你的公司参观公司环境和设施。这样一来，你就有了一个炫耀的机会（第 39 种决策手段：我是最棒的）。
- 给他们一份你深感满意的客户名单，尽力让他们和你的客户联系，询问更多有关你和你的公司的信息（第 8 种合作手段：绝对的诚实）。
- 多向对方提问，咨询他们的产品和服务，让他们详细地回答（第 22 种防御手段：收集并核实得到的信息）。

如果大人物们引诱你们投入了大量时间，但是最后开出的条件远不能让你们满意，你们可以这样做：

- 双方对峙——要对方摊牌（第 51 种决策手段）。直接告诉对方："我不能接受你的出价。"你可以提出这样两个理由：
- 我负担不起——没有多余的钱了（第 32 种防御手段）。
- 公司政策不允许我按照你的要求来（第 31 种防御手段：多打打官腔）

第 32 种决策手段：知己知彼——信息就是力量

早在几千年前，中国古代的军事家孙子就提出了"知己知彼，百战不殆"的观点。我们讨论的不是所有的战争，只是今天的商战，但是我们可以确定地说：大人物并不是你的敌人，你们需要彼此。信息就是力量，因此对大人物和你自己的优势做到心中有数，会帮助你赢得更多。

游击高手们应该多读读孙子的《孙子兵法》，这本书在市面上很容易买到。书里的箴言会让你感到受益无穷，比如"不知彼而知己，一胜一负；不知彼，不知己，每战必殆"。大人物们也会从中学到很多，这有助于他们了解游击高手的思维方式和行事作风。

不要忘了审视自己。摆脱自身的盲点（第 9 种准备手段）。你的身上一定有很多盲点，事实上，所有人都是这样。

5 种制胜反击攻略

- 控制自己提供给大人物的信息量（第 55 种决策手段：控制你的团队提供给对方的信息量）。

- 利用小道消息（第 24 种防御手段）向他透露信息是个好办法。但是这样一来，事态就很难在你的控制之内了，危险也会随之而来——因为很有可能给他造成错误的印象。

- 如果你不愿意利用小道消息冒风险，那就先放出一个试探气球（第 119 种决策手段）。先说一句："如果……，那会怎么样？"如果大人物回答"具体怎么做？"，那么你的这笔生意就算是有点眉目了。

- 不要忘了搞清楚他对你了解多少（第 22 种防御手段：收集并核实得到的信息）。

- 想知道这一点，你可以和对方的团队建立良好关系，和他们友好相处（第 5 种合作手段：找到最佳盟友——也就是你的对手）。

第 36 种决策手段：让大人物的得力助手助你一臂之力

尽可能多地了解大人物最亲近的助手的相关情况，搞清楚他们是做什么的。他们中的大部分人都是技术专家。和你自己的技术专家谈一谈，让他们去说服大人物的助手，告诉他们接受你开出的条件对他们的老板来说将是受益无穷的事。注意在你的计划中利用对方的自我意识调动起对方的积极性，让他们主动建议老板接受你的条件。这样一来，他们就成了你的盟友（第 5 种合作手段），取得成功就是指日可待的事了。

3 种制胜反击攻略

如果大人物也想介入你的公司，让你的助理帮他的忙，那么你可以这样应对：

- 探一探你的助理对你是否忠诚。观察他们对大人物的态度有没有发生改变。如果态度的确有变，试着查出原因。采取行动，保住自己的优势（第 22 种防御手段：收集并核实得到的信息）
- 如果有必要的话，告诫你的助理不要多话，这样就不会将重要的信息泄露给大人物了（第 55 种决策手段：控制你的团队提供给对方的信息量）。
- 选定自己的盟友，让他在大人物面前为你说好话。这个人可以是对方公司的内部人员，也可以不是（第 76 种防御手段：寻找盟友，并让他们帮助你）。

第 41 种决策手段：暗示你的力量，而不是故意展现你的力量

不要试图压倒你的对手，他清楚地知道自己的力量比你的大。但是，

你应该向对方暗示你的力量。下面提供6种方法：

- 使用那些可以表示自己行动力和权威性的词汇，少用那些不确切的词汇。比如，你可以说"我推荐"而不要说"我认为"。

- 打扮得越是清爽干净，对方就越认为你有权威。

- 如果你是男性，我们建议你可以穿大牌的黑色或深蓝色外套配鲜红色领带。有服饰专家认为，由于某种原因，红色加黑色的搭配可以让你看起来更有权威性。

- 把一只手放在上衣口袋里，大拇指伸出来。这种露出大拇指的做法就是在暗暗显示你的权威。

- 当你表示不同意或不相信某事时，扬眉毛的动作也会让你在不经意间显示自己的权威。这样做可比大喊大叫有效多了。如果你对自己的雇员大声训话，刚开始他们还会听你的话，但是如果长此以往，他们也就习惯了，不会把你的话放在心里。

- 尽量两手空空地来参加会议。通常最弱势的秘书才会捧着一堆材料走进会议室。有权威的人则什么都不用带，因为他有权做出最终决定。

你将在第16章，即"驾驭气场的身体语言"中读到更多有关如何在不经意间从气势上压倒对手的做法。那一章会教你使用18种身体语言展现自己强大的气场。

3种制胜反击攻略

如果大人物也在你身上使用这一手段，你可以这样做：

- 脑子放灵活一些，保持警觉的心态，意识到对方在做什么（第32种决策手段：知己知彼——信息就是力量）。

- 不要感觉自己受到了威胁。不要让他的行为影响到你——即使他的做法很低调（第 70 种决策手段：勇敢面对，不要害怕）。

- 你应该模仿他的行为，和他做一样的事吗？如果你决定这么做，就要多学学有关表现权威的做法。唐纳德在他的《魔力万花筒》一书中列举出了 95 个相关事实，你可以登录 www.GuerrillaDon.com 查看。你也可以翻看《影响你的 365 种有力方式》一书中的第 19 章，那里有一个更简短的版本。

请注意，不要公然和他进行无谓的比赛。你要做的是模仿他的某些行为，但是要不动声色地模仿（第 16 种防御手段：用你自己的身体语言操纵对对方）。

第 45 种决策手段：先吓唬对方，再摆出救世主的姿态

好好做做功课，找出对方身上的问题。吓唬吓唬他，告诉他如果自己不解决这些问题的话将会产生什么样的可怕后果。接着让他知道你的产品或服务可以帮他度过危机。想要成功地做到这一步，难度很大，你必须表现得十分真诚（第 8 种及第 24 种合作手段：绝对的诚实，安抚对方的情绪）。如果你做不到这些，他是不会相信你的，但是如果你做得天衣无缝，那么无论是大人物还是游击高手都会吃你这一套。

4 种制胜反击攻略

你可以试试下面提供的几种方法，每一种都很有效：

- 你可以这样说："你说谁，我吗？不好意思，我不知道啊。"不过你的演技一定要过关，不然就起不到什么效果（第 11 种决策手段：装傻充愣）。

- 不要做出任何回应，无论是积极的还是消极的（第 11 种防御手段）。
- 以彼之道，还施彼身——先吓唬对方，再摆出救世主的姿态（第 45 种决策手段）
- 要表现出你是无懈可击的，没有什么能伤害到你（第 2 种花招：自夸并让别人也来吹嘘你）。

第 58 种决策手段：团购行动 / 群体伏击 / 快闪暴走

这是游击高手天生就拥有的手段，而大人物却永远不得要领。具体的内容请往下看。

想象一下，一群蜜蜂，或一群蝗虫，或饥肠辘辘的狼群，出现在你面前，你的第一反应当然是拔腿就跑——而且是拼命地跑！在中国，有一个词叫"团购"，指的是组团购买商品。社会媒体将希望购买同类商品的顾客聚集在一起，在指定的日期出现在指定的零售商店，作为一个团体要求以十分优惠的折扣价购买大宗商品。

下面还有 3 个例子：

- "冲锋式穿越边境线"，即 20 — 50 个墨西哥人聚在一起冲过美国的边境线，但是边境巡逻队却没有办法一举抓住他们所有人。
- "快艇 vs 军舰"事件。在波斯湾的一次军事演习中，大约 16 艘大型且造价昂贵的美国海军军舰在与 30 艘小型且造价低廉的快艇对峙 10 分钟后就不幸沉没。发动攻击的快艇数量太多，超出了军舰的应对能力范围。这一事件是唐纳德的一位好兄弟，海军军官艾尔·巴雷拉告诉他的，事发时他就在当地。
- *Flash robs*（抢劫），是的，我们没有拼错，是 robs 而不是 mobs。在 2011 年，全美零售业协会开始用这一词汇形容有计划的抢劫。无论是大卖场还是便利店都无法应对这样突如其来的一伙人，他们冲进商店，抢走商品后迅速逃离现场。这些人通过推特网、脸书或短信聚集到约定的商店，再进行大规模袭击。美国零售联合会已经发布了减少此类犯罪活动的指南，包括加强警方对社会媒体的监控，将值钱的商品储存在商店内部不易被人发现的地方，把衣服挂在衣架上而不是叠放在架子上，以及扩大商店内部的视野，这样雇员们一旦发现外面有异常就可以立马拨打报警电话。

两种制胜反击攻略

作为这一手段的受害者，大人物们通常会作如下应对：

- 他们会收集情报（第22种防御手段：收集并核实得到的信息），搞清楚是不是你和其他人联手对付他们。暴力事件通常会伴随这一手段的使用而发生，因此大人物们很可能会消失一小段时间（第27种防御手段），他们这样做不只是为了拖延时间。这是事关企业生存的时刻，对方也不想在此时卷入一场骂仗。这种处理方式对双方来说都有好处。
- 大人物有可能会要求推迟谈判的时间（第27种防御手段），但是如果他们够聪明的话，也会知道这并不是长久之计。真正聪明的大人物会直接告诉你他不想和你做生意了（第73种决策手段：告诉对方这笔生意你不做也罢）。

第64种决策手段：先斩后奏

连连获胜的游击高手们总是喜欢先发制人，让大人物感到措手不及。他们的宗旨就是先斩后奏，促成一个既成事实。但是谈判却不一定能够因此一锤定音，因为大人物不一定会点头默认你的行为。但是话说回来

了，事后再向大人物请求原谅总比事前求得其允许简单多了。所以不必不好意思，直接先斩后奏吧。

3 种制胜反击攻略

当你认为你的对手，即另一位游击高手——甚至是大人物，在使用这一招时，你可以这样做：

- 查看一下你的对手的过往表现（第 32 种决策手段：知己知彼——信息就是力量）。
- 如果你提前不知道他们的能耐，就在他们使出这一招时上演一场装疯卖傻的好戏（第 18 种决策手段）。
- 最后，如果你有财力也有时间，那么必要的话可以起诉对方（第 84 种决策手段：用你的财力来震慑对方）。但是不要浪费时间打无意义的官司（第 19 种花招）。

第 100 种决策手段：不要理会大人物——做到充耳不闻

不要理会大人物对你说的话，继续按照自己的方式行事，而不是他的方式行事。

唐纳德和杰伊注意到很多美国的游击高手似乎都不敢在大人物身上用这一招。而事实上他们不应该放弃这一手段，因为它经常奏效。其原因就在于这一招实在是让人难以预料，它的效果一旦产生，那就是出奇的好啊。当游击高手使用这一招后，很多大人物都会感到震惊，并且无所适从。他们通常会忽略你的无礼行为，尤其是在他们认为不重要的事情上。因此，不要理会大人物告诉你的话，坚持按照自己的方式，而不是他们的方式行事。你很有可能赢得比你的预期还要多的回报。

两种制胜反击攻略

- 当你被无视时要做出不悦的样子（第55种花招：**公然撒谎**）。这可能会引起大人物的注意。

- 千万不要忘了"**3次法则**"（第25种决策手段）。如果你做出了3次提议他都无动于衷的话，就放弃吧，这样的回报不值得你付出宝贵的时间和精力。

第7章

威力强大且人们不常使用的12种防御手段

本章内容：分散对方注意力；付出的精力和你的优势；沉默战术；身体语言（4种手段）；做出让步；小道消息，选择借口；岔开话题；寻找盟友。

尽管我们都更偏向于使用决策手段，你也可以通过采用防御手段取胜——只要你做得得当，通常都可以赢得更多，更大。下面的3种说法你可能也听说过：

- 唯一真正的防御就是主动防御。
- 好的防御就是最好的进攻（对于很多体育运动来说都是这样——也是第18章杰伊的第40条黄金法则）。
- 撤退只是意味着换了一个方向前进（美国陆军战场手册）。

下面将为你讲述12种人们最不常使用的防御手段。如果你在谈判时运用了这些手段，很有可能会让大人物们大吃一惊，这对你来说无疑是巨大的优势。

第5种防御手段：当大人物强势出击时分散他的注意力，打乱他的阵脚——就像日本武士一样

你一定会觉得"打乱大人物的阵脚"这句话很眼熟吧，是的，我们在

第 1 种决策手段（出其不意，攻其不备）时就提到了这一点。但是为什么是日本式的呢？因为这是唐纳德在很久以前读到宫本武藏的《五轮书》（分为土、水、火、风、空五卷）时学到的一点。让大人物分心，扰乱他的节奏，根据宫本武藏的说法就是，"趁敌人尚在犹豫不决时，迅捷劈砍，一击取胜。"

游击高手们使用这一策略的主要原因就是分散大人物的注意力。为什么要分散他的注意力？因为通常情况下，你在某一领域可能有弱点，你也自然不想让大人物注意到你的弱点。下面为你提供 3 种方法：

- 穿着非常讲究（第 42 种决策手段），或穿着非常邋遢（第 43 种决策手段）。在外表上下功夫以吸引大人物的注意力，这样他就无法集中注意力听你在说什么。
- 带上一位非常有魅力的助理（第 48 种花招：在非常愉快的氛围中转移大人物的注意力）。
- 提出一个和你们正在谈论的事情不相关的话题（第 5 种决策手段：提出对方意想不到的新话题或更宽泛的问题）。

4 种制胜反击攻略

假设有另一位游击高手或大人物企图分散你的注意力，你可以这样做：

- 一旦你感到对方在试图使你分心或扰乱你的思维，就及时喊停拖延时间。比如，你可以诚实地告诉他，"我还不确定，你让我想一会儿。"这里用到了两种手段：第 27 种决策手段（拖延时间）和第 10 种合作手段（如果有不明白的地方就大方承认——不要遮遮掩掩）。
- 或者说："让我回去问问老板，然后再来找你。"这是第 5 种花招（表明自己权力有限——"不过我还得先问一下领导"）。

- 或者直接与他对峙，说："让我们从头开始，就事论事好好谈谈。"
这是第 52 种决策手段（双方对峙——问对方"为什么在我面前耍
花招？你就不能消停一会吗？"）

- 千万不要让他把你灌醉或在他的教唆下服用精神药品（第 80 种花
招：麻痹对方的意识和判断——故意给他用精神药品或给他灌酒），
这会极大分散你的注意力，所以请务必提高警惕。

第 9 种防御手段：付出精力最少的人将赢得最多

千万不要忘了这一手段，经常使用它可以达到很好的效果。你可以
表现出不感兴趣、漠不关心的样子，试着让大人物认为他更需要你，而
不是你更需要他。如果实际情况的确是你更需要他，那你的对策就必须
要过关。如果这笔交易对他很重要，而且他也认为你有很多其他选择，
因此你并不着急定下来，那么你就在这次谈判中占了上风，并将成为大
赢家。你甚至还可以作势直接走开以探探他的反应（第 68 种决策手段：
对对方说"行就行，不行就算了"——到此结束）。

注意：和游击高手比起来，大人物通常在生意里倾注的精力会少一
些。所以游击高手们必须拥有高超的演技才能成功运用这一手段。那么
你是一个好演员吗？

3 种制胜反击攻略

- 无论你的对手是大人物还是游击高手，请记住：当他们转身离开
的时候，千万不要追上去。注意了，是绝对不要追上去！如果你
追上去了，那么你将颜面扫地，威信全无。相反，提醒对方你还
有很多其他的选择（第 4 种防御手段：提醒对方小心他们的竞争对
手——无论是真实的还是假设的）。

- 与他对峙（第 52 种决策手段），你可以这样说，"如果你对我和我

的生意都无所谓，那为什么要花时间和我谈判？"

- 不要花冤枉钱，减少损失。做到这一点很容易，因为你最多也就损失了很多宝贵的时间。告诉他们，"我不想再浪费时间了。你显然不怎么感兴趣。"说完就离开。这里用到了两种手段：第68种决策手段（对对方说"行就行，不行就算了"——到此结束）以及第16种顺从手段（接受失败，拿好你能得到的东西——别自讨没趣）。

第10种防御手段：保持沉默，一言不发

我们在第2章里也提到过，美国人不擅长谈生意的18个原因之一就是他们无法容忍沉默的氛围，无论是大人物还是游击高手都是如此。而亚洲国家的人不仅不会认为沉默难以容忍，还会用这一招作为谈判的手段。唐纳德听很多日本和中国的经理们这样说过："我们喜欢和你们美国人做生意。我们只要不开口说话就行了，在这种情况下美国人就会先开口，我们再细细琢磨一下你们的话，自然就得到了很多有用的信息。"

让我们再进一步想想：当你在说话的时候，其实就相当于做出了让步，并且得不到任何回报。为什么？因为透露信息就是一种让步，一种极大的让步。如果没有回报就千万不要做出让步。因此，你要锻炼自己保持沉默的能力——在不必要时不要透露任何信息。这里用到了两种手段：第42种防御手段（不要向对方透露非常重要的信息）以及第32种决策手段（知己知彼——信息就是力量）。

最后，再告诉你需要注意的一件事，如果你的谈判对象来自中国、日本或韩国，那么这个团队里最有权的人，也就是能做出最后决定的人，就是说话最少的那个人。他一般不开口，而是让他的下属参与商讨。你要仔细观察他的身体语言（第15种防御手段）。

3 种制胜反击攻略

- 当大人物使用这一招时，你也不要说任何话，冷冷地看着他就好（第 10 种防御手段：保持沉默，一言不发；第 11 种防御手段，不要做出任何回应：无论是积极的还是消极的）。比比看谁先忍受不了，然后打破沉默。但是在盯着他看的时候不要走神。

- 试着问一些开放性的问题以结束这场无聊的比赛。大人物无法只用"是"或"不是"来回答——他必须多说几句话。这样或许可以打破僵局（第 41 种防御手段：不停地询问更多信息）。

- 采用积极倾听的方法保证谈话能继续下去（第 15 种合作手段），我们将在第 8 章为你讲述具体的做法。

第 15 种防御手段：仔细观察对方的身体语言

这一手段非常重要，我们在第 16 章的"游击式身体语言"中将专门谈到这个话题。我们认为那一章将是你最感兴趣的一个章节。请仔细阅读，你将会学到人们每一个动作所包含的意义。接着，你可以认真观察一下你的谈判对手的身体语言，你会很快明白他在想什么。但是不要让他看出来你在观察他。千万不要做笔记，只需要花 5 分钟静静地观察他就可以了。将他的行为划分为表示肯定态度的和表示否定态度的两类。如果大人物或其他游击高手做出的是表示肯定态度的举动，那么你还是该怎么做就怎么做，因为对方没有排斥你的行为。但是如果对方做出的大都是表示否定态度的举动，那么你就要暂停一下，试着换一种方式行动，因为你的行为显然受到了对方的排斥。

一种反击攻略

现在，我们要告诉你的就是：如果你想让大人物或其他游击高手认为你很高兴听到对方这样说，那么请使用表示肯定态度的身体语言；相反，如果你想让对方认为你很排斥对方这样说，那么请使用表示否定态度的身体语言。这样的过程其实就是用自己的身体语言操纵对方的过程，即第 16 种防御手段。下面就将为你讲述。

第 16 种防御手段：用自己的身体语言操纵对方

有人会说这一点很容易做到。真的是这样吗？如果大人物或其他游击高手向你传达的是否定信息，不要忍不住模仿他的这种表达否定态度的行为。如果你也以相同的行为回应他，那么你们的谈判将进入一个难以反转的恶性循环，所以请忍住冲动，不要把事情搞砸。你需要做出表示肯定态度的行为，在这种情况下，他很难不受你的影响继续保持否定的姿态。另外，你的心理状态也会发生微妙的转变，会情不自禁地往肯定的方向考虑。这样，你们的谈判就会渐入佳境。

为什么这种很少有人使用的技巧如此奏效呢？下面给出两个原因：

- 志同道合，相与为谋。
- 一项学术研究发现，当出现参与谈判的一方模仿另一方的身体语言的现象时，这次交易的成功率会达到 67%；当情况相反，既没有出现模仿现象时，交易的成功率只有 12%。

两种制胜反击攻略

- 尽量多学习有关身体语言的知识（第 15–19 种防御手段）。这样你就可以知道每个人——包括你的亲友，陌生人，大人物和游击高手——是如何运用身体语言影响你，也可以学会如何反过来运用自己的身体语言影响他们——无论是正面的影响还是负面的影响。
- 精心设计自己的销售方案和建议，好让大人物感到眼前一亮，心想，"哇，我们有好多想法都不谋而合呢。"为什么要这样做？搜

索一下"弗兰明汉心脏研究"和"社会感染",你就知道原因了。另外,我们也会在第 16 章里为你揭晓答案。

第 18 种防御手段:运用身体接触的力量——身体语言之触碰

如果你触碰一下大人物和游击高手的身体,他们会作何反应? 在大多数情况下,与他人有身体接触意味着彼此间亲密关系的建立,因此我们建议你使用此法。一般对方都不会预计到你会和他们进行身体接触,只要你做出了这样的举动,大多数人都会认为你在向他们示好。但是要注意别自讨没趣,因为你的行为很有可能会产生事与愿违的效果,特别是在你的对手是异性的情况下。另外,你还要注意以下 3 点:

- 千万不要用手指戳对方,这是不尊重人的行为,无论是大人物还是游击高手都不会喜欢这样的行为。
- 在你触碰他人身体的同时,你也入侵了他人的私人空间。你的举动可能会招致危险的后果,所以在行动前试想一下如果你是被触碰的一方会有怎样的感受。
- 但是如果你和对方是朋友而且年龄相仿,这种接触一般来说不会有什么问题。

两种制胜反击攻略

- 如果大人物总是有意无意地和你进行身体接触,而且没有用手指戳过你,那就表示他很有可能同意这桩生意。如果他没有这么做,你可以运用表示肯定态度的身体语言(第 16 种防御手段),让他看到你就心情大好。
- 在他心情好起来之后,你可以有意地和他进行身体接触,让他的好心情保持下去(第 18 种防御手段:运用身体接触的力量)。

第 19 种防御手段: 运用位置安排的力量——办公室的摆设传达的信息

办公室里有很多地方可以体现一个人的权力。如果大人物在这些地方下了功夫,并一直让你注意到它们,那么他就是企图将你置于支配地位。第 16 章会为你进行详细的叙述,如果你有兴趣的话,可以看看第 232 页至 234 页的 4 张图片。

一种制胜游击反击攻略

如果你和其他人约好了在某人的办公室和他见面,请提前到达(第 2 种准备手段:准备,彩排,分配时间)。在办公室里找到对自己有利的位置并在别人发现之前占据那个地点。但是话说回来了,如果你不想引人注意的话,就找一个最弱势的位置坐下吧。如果你和大人物进行的是一对一式的谈判,就不要找一个对自己不利的位置,让对方的计谋得逞。

第 20 种防御手段: 仔细观察你和对手的让步模式,并做记录

和身体语言一样,做出让步也是一种重要的手段,我们在第 17 章"游击式让步"中将对其进行详细的讲述,你也会学到很多有用的知识。但是现在,你必须明白以下几点:

- 准确地记录你和大人物各自做出的让步。
- 记录你和对方做出让步的时间。
- 至于让大人物看见你在做笔记会不会有什么不好的影响,我们也说不准。但是你要把握好分寸,不要让他感到烦躁或让他怀疑。这就看你能不能拿准他的性格了,如果你对他没有任何了解的话,那就很有可能做出错误的判断。

- 寻找让步的方式，尤其是我们在第 17 章里谈到的 7 种方式。虽然这种方式很少有人用，但了解大人物做出让步的方式的确会大大增加你的优势。

4 种制胜反击攻略

如果大人物或另一位游击高手正在记录，分析你的让步方式，你可以做出如下应对：

- 表现出模棱两可的态度，让对方感到难以捉摸，这样大人物就无法确定你的招数，搞不清你到底采取了哪种让步方式。这里运用到了两种手段：第 1 种决策手段（出其不意，攻其不备）以及第 53 种防御手段（有创意地含糊其辞）。
- 确保他感受得到你在做出让步时心有不甘，如果你认为有必要的话就适时地表现出自己的痛苦。这里运用到了两种手段：第 16 种决策手段（做出让步时表现出痛苦的情绪）以及第 55 种花招（公然撒谎，而不只是夸大其词）。不要太过轻易地割舍任何东西。
- 观察大人物的表现，记录他的行为。如果他很轻易就做出了让步，那么就说明他有可能对此不太在乎。这意味着你很有可能从他那里得到更多（第 20 种防御手段：仔细观察对方的让步方式）。
- 仔细观察他的身体语言，判断对他来说这一让步的意义是否重大（第 15 种防御手段）。了解了这一点后，你就可以从他那里得到更多。你要牢记这一点，因为它会成为你的有力手段。

第 24 种防御手段：利用小道消息

你可以利用小道消息轻松地操纵大人物和游击高手。人们似乎更愿意相信那些小道消息而不是自己的双眼。美国国家科学院的一项研究表

明，正面的小道消息会让人们的合作几率提高 20%，而负面的小道消息
会让人们的合作几率下降 20%。甚至在人们都已经了解了相关信息的情
况下也是如此。这又是为什么呢？因为从别人那里听来的小道消息会让
人们认为自己错过了精彩的内容。

这里还存在一个明显的问题，那就是确保你的信息和他们得到的信
息是相吻合的。信息在人们口口相传的过程中一般都会有或多或少的扭
曲，而这也不是你能控制的事。

4 种制胜反击攻略

- 对大人物和其他游击高手所说的话不能全信，特别是在他们说的
  话来源于小道消息的情况下——某些谣言有可能是他们自己散播
  出去的。另外，谣言通常都是错的（第 7 种准备手段：不要轻易被
  人说服）。请登录 www.GuerrillaDon.com，在那里你可以了解到一
  些与谣言相关的问题——为什么人们要散播谣言；谣言在什么情况
  下会起作用，又在什么情况下不起作用；面对关于你自己的谣言，
  你应该做的事以及你绝对不能做的事；什么样的谣言散布的速度最
  快。了解了这些问题后，你就可以成为一个有效率的正当消息散
  布者，或者是一个有效率的谣言终结者。

- 和向你散布信息的人直接对话，与他们对视并仔细打量他们一番。
  特别要注意对方的身体语言（第 15 种防御手段）。他们有可能是
  大人物的下属。

- 时刻注意信息的来源。确保这些信息是可信的，并确保自己有能
  力核实它们的可信度（第 22 种防御手段：收集并核实得到的信息）。

- 监督你的员工，确保他们不会把重要信息散布到相关网络上，并
  传到对方耳中（第 55 种决策手段：控制你的团队提供给对方的信
  息量）。

第 47 种防御手段：我的相关信息不小心丢失了

没错，人们的确很少用到这一手段。大多数人都想过这一招，但又觉得这么做很容易让对方看出破绽，所以他们不常使用这一手段。然而正是因为人人都这么想，所以这一招用起来才会达到出其不意的效果。你应该已经知道它的具体内容了：如果你想拖延某件事，那就向世界各地不带作业就上学的学生们讨教点经验吧。告诉大人物或其他的游击高手，你的电脑出故障了，丢失了大量数据。你可以这样说："这些信息对我们的谈判来说很关键，所以我必须要花点时间重新整理。"

4 种制胜反击攻略

- 当对方向你诉说蹩脚的理由时，仔细观察他的身体语言。这样做的目的是什么？你要分辨一下他是否在撒谎（第 15 种防御手段）。
- 如果你能看出他显然是在撒谎，那么就当场终止谈判（第 68 种决策手段：起身离开——到此结束）。
- 设定一个最后期限（第 28 种决策手段）。
- 与此同时，另找一个合作伙伴，并告诉面前的谈判对象你正在另觅人选（第 4 种防御手段：提醒对方小心他们的竞争对手——无论是真实的还是假设的）。

第 58 种防御手段：岔开话题——讲点笑话，谈谈体育，来活跃气氛

这一手段听起来似乎没有什么杀伤力，但是实际上却不是这样。运用这一方法可以拖延时间，平息动荡的局势，无论是大人物还是其他游击高手都会吃这一套。它的好处就在于：

- 缓和敌对的情绪和紧张的氛围。

- 大人物会多听一会儿你说的话。

- 提升士气，促进和谐。

- 增进信任。

- 最重要的是：这时大人物或游击高手会认为你是他的朋友了，他可能会给你优惠。换一句话说，他可能会做出更大让步。

但是不要提有关宗教和政治的话题，因为谈这类话题很容易让你在无意中冒犯他人。另外，我们建议，有关性的话题也是少谈为妙。

3 种制胜反击攻略

- 平时储备一些小笑话，必要的时候拿出来用（第 2 种准备手段：准备，彩排，分配时间）。唐纳德在开研讨会和谈生意的时候，经常会引用幽默大师罗德尼·丹泽菲尔德和乔治·卡林的经典笑话，你可以在网上找到很多类似的内容。

- 但是不要在大人物说完某个笑话之后你再讲一个更有趣的笑话或一则更精彩的体育新闻。这可不是故事大赛（第 16 种顺从手段：别自讨没趣）。

- 你有没有分析过对方在听了你的笑话后作何反应？你可以试着做分析。你会惊奇地发现，哪些笑话确实能起到作用，哪些笑话说了等于没说（第 32 种决策手段：信息就是力量）。

第 76 种防御手段：寻找盟友，并让他们帮助你

寻找愿意帮助你的人，请他们直接或间接地为你效力。他们可以是大人物公司的内部人员，也可以是与他无关的外部人员。同样，他们也可以是你本公司的内部人员，也可以是无关的外部人员。另外，我们建

议你可以往前走一大步——和大人物结成同盟。让他成为你的盟友（第5种合作手段：找到最佳盟友——那就是你的对手）。关于怎么做到这一点，我们在这里告诉你一个捷径：不要只是告诉大人物哪些是你深感满意的客户，你还应安排他和那些客户会面。

3 种制胜反击攻略

- 如果你认为大人物或另一位游击高手正试图让你公司里的人为他说好话，你可以这样做：试着弄清楚他对你公司的了解程度，以及他认识你公司里的哪些人（第32种决策手段：信息就是力量）。然后和他认识的那些人多谈话，查清事情的来龙去脉。

- 不要让他在你的公司内部发展盟友（第76种防御手段：寻找盟友，并让他们帮助你）。这并不意味着你就是一个控制狂，你只是为了确保对方不会得到你不想让他知道的重要信息。

- 最后，只要不是在谈判桌上，你就要严格控制你的团队提供给对方的信息量（第55种决策手段）。但是这一点实施起来可能有一定难度。

第8章
威力强大且人们不常使用的8种合作手段

本章内容：耐心的力量；遇到不懂的事情要大方承认；倾听他人（两种手段）；谈判结束后赠与对方一些小礼品（额外的福利）；让对方的脸上有光；让对方认为你吃了亏；成为对方职业生涯中必不可少的一分子。

第1种合作手段：耐心的力量

由于人们对顺从手段的使用频率颇高，我们就没有再安排这样一个章节。第 8 章我们将讨论的是 8 种威力强大而人们不常使用的合作手段。

如果和你的对手比起来，你能够在一桩生意中耗上更长时间，那么你就很有可能成为大赢家——特别是在对方耗不起的情况下（第 27 种决策手段：让对方投入大量时间）。这一招对大人物和其他游击高手来说都很有效。这就是为什么很多外国人都喜欢和容易不耐烦的美国人谈生意——他们知道只要把时间拖得够长，美国人就会做出让步，以满足他们提出的大多数要求。你还记得我们在第 2 章里讨论的美国人不擅长谈判的第 8 个原因吧。下面列举出 5 个比大人物更有耐心带来的好处：

- 他很有可能会给你更大的让步。
- 你将会有更多时间考虑是否同意对方开出的条件。
- 这让他实现愿望清单的想法落空了，他不得不接受实际清单上的

内容（第 56 种决策手段）。

- 你将得到更多有关他的新信息。

- 你将感到自己的掌控力增强了，压力变小了，敌不过形势的无力感也会降低。

4 种制胜反击攻略

- 为什么要在对方已经同意合作，并接受你开出的条件的情况下还要谈什么反击攻略呢？一般情况下你只要接受他的做法就可以了（第 16 种顺从手段：拿好你能得到的东西——别自讨没趣）。

- 但是——凡事都可能有个"但是"——如果他表现得过于有耐心了，你就要确定他是否只是想拖延时间（第 22 种防御手段：收集并核实得到的信息——明辨真假，揭穿谎言）。

- 接着，你要和他讨论出合理的最后期限（第 28 种决策手段）。

- 最后，不要忘了利用大人物的耐心等待重新审视自己的定位，并摆脱障碍。下一次再见到他的时候，你会变得更加强大（第 1 种准备手段：未雨绸缪——情况总是在不断变化的）。

第 10 种合作手段：如果有不明白的地方就大方承认——不要遮遮掩掩

这一手段的使用总是能让对方感到意外，因此具有很强的杀伤力。你可以直接告诉大人物你没有足够的信息——然后告诉他你会收集到这些信息的。接着你要保证自己在什么时候能收集到足够的信息，注意不要超出你自己定下来的最后期限（第 28 种决策手段：合理利用最后期限）。这对你有一大好处：对方可能会因为你的诚实而对你刮目相看。他甚至还有可能帮助你收集资料，因为他已经成为你的盟友了（第 5 种合作手段：找到最佳盟友——那就是你的对手）。注意：和其他游击高手们比起来，大人物们更爱吃这一套。

3 种制胜反击攻略

- 当大人物告诉你他对某事不知情时，你要首先持怀疑态度（第 7 种准备手段：不要轻易被人说服）。
- 观察他的身体语言，看看他是否在撒谎（第 15 种防御手段）。他有可能只是想要拖延时间或让你放松警惕。
- 热情地感谢对方对自己如此坦诚（第 60 种决策手段：使用花言巧语恭维对方，并利用自身魅力）。

第 14 种合作手段：代价最小的让步——做一个专注的听众

你是一个傲慢的人吗？不管答案如何，你要注意在谈判中不能表现得那么傲慢无礼。倾听别人说话不用花一分钱，但却是你能做出的最重要的让步。耐心倾听会为你带来众多好处，因为你听到的信息越多，就会变得越强大（第 32 种决策手段）。你要抓住对方话语中的重要细节，然而这些细节并不是那么容易就可以得来的——你必须要让对方信任你。记住，你必须要了解对方的需求（第 5 种准备手段）。还有，在你听大人物和其他游击谈判队员说话时别忘了恭维一下他们。如果你嘴巴紧不愿意开口的话，那就等于不礼貌。

有些场所适合人们倾听他人说话，有些场所则不适合。在肯尼亚内罗毕的一家五星级酒店——泛非洲联盟酒店里，唐纳德就经历了这样一场糟糕的研讨会。那时，唐纳德准备把研讨会的地点定在饭店的夜总会，在那里你正好可以俯瞰饭店的游泳池。就在那天上午，有摄制组的人要来这里拍广告，因此游泳池暂时不对外开放。研讨会的参与者们透过夜总会的玻璃窗看到了忙碌的摄制组，还有 8 个身穿比基尼，魅力四射的女模特。而研讨会的 40 位参与者中有 38 位是男士——你应该可

以想象当时的场面了吧。唐纳德无可奈何地让礼宾员拉上窗帘，惹得男士发出阵阵嘘声。经过这一次，唐纳德决定以后所有的研讨会都要定在活动会议室里进行，以免受到外界的打扰。

两种制胜反击攻略

- 如果你的谈判对手是一个非常善于倾听的人，那么你就要提高警惕了（第 7 种准备手段：不要轻易被人说服）。你有可能在不知不觉中就向他们透露了过多信息。

- 另一方面，如果你的对手是一个非常不善于倾听的人，那么这就为你创造了一个很好的机会，你可以将自己的需求和兴趣娓娓道来（第 20 种合作手段：心理诱导）。

第 15 种合作手段：掌握积极倾听的技巧并多多使用

如果谈判的进程停滞不前，你可以重复一些对方的原话，强调自己在哪些方面和对方的看法一致。这一招对大人物和其他游击高手来说都很有效。

下面告诉你怎样使用这一手段从对方那里获取更多，你要记住以下 8 点：

- 在他说话的时候观察他的身体语言，你可以判断他是在说实话还是在试图掩藏。

- 将注意力集中在他身上。用心聆听，不仅要听他说话的内容，还要注意他的语音语调。

- 注意听他的言外之意——这一点更重要。

- 当他停下来的时候，谈一谈你自己对他说的话作何理解，但这并不代表你就同意他的看法。注意不要一字一句地重复他说的话，不然他会认为你是在调侃他。你可以这样说："你好像有点不安啊，是不是因为……"

- 如果你觉得他表述的不清楚，可以等他说完后再发问，不要总是打断他的话。

- 确保你在听他说话的时候不掺入任何个人主观情绪。

- 不要在他停下来不说话的时候感到尴尬。这是你向他提出各种开放式问题的好时机。

- 最后，不要总想着等他说完了你该怎么说，要时时刻刻把注意力放在他身上。

你是不是还有些怀疑？来看这样一个例子吧。最近有一项学术研究调查了餐厅服务生的态度和他们拿到小费数额的关系：一号服务生在顾客点完单后说了声"好的"就转身离开了；而二号服务生在顾客点完单后将每个人点的菜几乎一字不差地又重复了一遍，然后再离开。这两位服务生谁会拿到更多的小费？答案就是：二号服务生拿到的小费比一号多 70%。这下你是不是可以确定积极倾听的力量了？试着这样做吧，你会受益无穷！

4 种制胜反击攻略

- 当大人物或其他游击高手在与你谈判时使用了这一手段，你应该静观其变，不要急于反攻（第 16 种顺从手段：别自讨没趣）。因为这表明对方很重视这场谈判，并且对你说的话很感兴趣，他希望用积极倾听的方式了解更多有关你的信息，以及你能开出的条件。

- 但是你要提高警惕，如果你有什么不能透露给他的信息，一定要守口如瓶。他采取的积极倾听的战术可能会助他找出事实真相。不要流露出惧怕的情绪（第 70 种决策手段：勇敢面对，不要害怕）。

- 你可能想要休息一会儿让自己镇定下来（第 27 种防御手段：拖延时间——消失一小段时间）。即使你不需要也可以去一下洗手间

（第 50 种防御手段）。

- 注意听大人物对你的话作何回应（第 14 种合作手段：做一个专注的听众）。你会很容易分辨出他是不是在对你使用积极倾听这一招。

如果你对这一技巧不很了解，请登录 www.GuerrillaDon.com，你将了解到更多相关信息。

第 16 种合作手段：额外的福利——谈判结束后送给对方一份小礼物

这么做并不意味着你要在谈判结束之前就向对方做出额外的让步，而是让你在谈判结束且合同签订后再送给对方一个让他意想不到的精美礼品，这也是向对方表达谢意的一种简单又贴心的方法。下面我们为大家举两个例子，一个是正面的，一个是反面的：

- 正面的例子：一位有名的牙科医生在给病人种完牙之后给了他一张昂贵餐厅的双人餐券。
- 反面的例子：参与奥斯卡金像奖但是没有拿到酬劳的主持人会在典礼结束后收到一个装有珠宝或其他贵重商品的礼包。在推行这一做法的第一年，主持人都会对这份意外的惊喜表示感谢。然而当他们发现每一年拿到的礼包都没什么变化时，便开始指责主办方太过吝啬，不愿多出钱。有些名人的权利意识总是很强烈，在置身于奥斯卡金像奖这样的顶级盛事时，他们的这种意识就更加强烈了。（我们将在第 14 章谈到第 4 种合作手段时讲到这一点。）

但是在使用这一手段时你一定要小心，因为你有可能收不到预期的效果。我们的意思是：

- 任何物品，只要你把它作为礼物免费送给对方，那么这件物品在对方心里的价值就会大打折扣。

- 不要赠送价格太高的礼品。这是为什么？因为你的客户可能会怀疑某件礼品的价值，认为它有可能是过时的东西或是你不要的东西。

- 有的时候，你要避免使用"免费"这个词。很多人听到这个词的第一反应，就是认为礼物是不值钱的。因此，最好不要说"你们下一次到这个五星级宾馆来的时候，可以用这张免费优惠券"，换种说法，"你们下一次到这个五星级宾馆来的时候，可以用这张价值100美金的优惠券。"这样人们就会注意到"100美金"，不会认为这是一张"不值钱"的优惠券。

3 种制胜反击攻略

- 表达谢意，接受礼物——不要问"为什么送我东西？"这是第16种顺从手段：别自讨没趣。

- 但是也要小心一点。向律师咨询这种情况算不算受贿，如果律师表示此行为确实属于受贿，那么为了避免纠纷，应把这件"礼物"送回去（第33种防御手段：我不会做犯法的事）。

- 但是，即使你把东西还回去了，还是要表现出感激之情。还东西时也要注意保持风度，向对方表达谢意（第24种合作手段：安抚对方的情绪）。

第18种合作手段：保证谈判结束后对方脸上有光

如果和你谈判的人不是公司的负责人，那么你可以和他好好谈谈合同、产品或服务的事，这样会让他的老板更加器重他。这样一来，你的谈判对象就会对你心怀感激，你可以借此机会和他建立亲密的合作关系。

最终，你可以帮助他扬长避短，成为对方老板眼中的得力干将。

两种制胜反击攻略

- 如果大人物在谈判中给了你表现的机会，一般来说他都是真心的。如果是这样，就应接受对方的提议，但是不要一股脑儿全答应下来（第 24 种决策手段：防止作为买方后悔不迭——对对方的提议不要迅速接受）。

- 你要时刻注意他的身体语言，看对方的行为是否出自真心（第 15 种防御手段）。

第 19 种合作手段：即使你赚了很大一笔也要让大人物认为你吃了亏——想一想《骗中骗》这部电影

《骗中骗》是美国 20 世纪 70 年代的一部经典影片，在该片将近尾声的时候，片中的黑帮人物企图杀死两位主角并拿走他们从他身上骗走的钱。但是在他们做出行动之前，联邦调查局的特工人员破门而入，在激烈的枪战中两位主角被打死，而这群黑帮也在被人发现之前落荒而逃——他们自然没有办法带着钱走了。事实上这是两位主角经过精心设计后与冒牌联邦特工联手上演的一场"假死"戏码。他们成功地骗到了这笔钱，而黑帮认为他们已经死了，也就再也不会找他们的麻烦了。

这个故事告诉我们：调节你的自我意识（第 10 种准备手段）非常重要。即使你赢了，也不要表现得得意洋洋。如果大人物认为在这一笔买卖中你赚得太多了，他可能会想办法退出交易。更糟糕的情况是，他可能会伺机报复你（第 6 种花招：打击报复——破坏对方的庆功会）。你可以登录 www.GuerrillaDon.com，查看如何对付那些对你进行打击报复的人。

3 种制胜反击攻略

- 如果大人物或其他游击高手告诉你，他们和你做的这笔生意让他们损失了一大笔钱，你就要提高警惕了（第 7 种准备手段：**不要轻易被人说服**）。他们很有可能在说谎，实际上他们也赚了不少钱。

- 所以不要急着做出点成绩——不要太快接受对方的提议（第 24 种决策手段）。如果你愿意再等等的话，就很有可能赢得更多（第 1 种合作手段：*耐心的力量*）。

- 如果你认为对方陷入了困境，就在不伤对方面子的情况下帮他一把（第 17 种合作手段：*当你成为大赢家的时候，要给对方留面子*）。

第 20 种合作手段：心理诱导——通过与大人物的深度合作，成为他职业生涯中必不可少的一分子

试着让大人物对你产生依赖心理。多做一些你本职之外的事情，让他信任你。但是这么做也会有副作用：如果你做的事情远远超过了你的职责范围，而且也做得很成功，他就会感觉自己被孤立了，这可能会进一步导致他产生"受困心理"，即产生一种错觉，认为四周都潜伏着他的敌人。因此，你在行事时别自讨没趣。

3 种制胜反击攻略

如果你已经让大人物成为自己不可缺少的依靠，那么想要摆脱对他的依赖就不那么容易了，你可以按照下面的做法来：

- 如果他经常试图越过自己的职责范围行事，那么你就要多加小心了（第 21 种、第 22 种合作手段）。试着搞清楚为什么会发生这样的事（第 7 种准备手段：**不要轻易被人说服**）。

- 如果大人物是你的上级，并且试图通过审查你的通话记录，以及

游击谈判

打发走来找你的到访者将你置于孤立的境地，你就要提高警惕了。他正在运用的是第 29 种花招——孤立对方。如果你的接待员足够强势，值得你信任（第 34 种决策手段），而且把你的最高利益放在心上的话，这些情况一般就不会发生了，因此你要好好运用接待员这一层关系。

- 如果你是一个持怀疑态度的人（第 7 种准备手段：不要轻易被人说服），或是一个不轻信他人的人（第 76 种花招：利用终极输家贪心又轻信他人的两大软肋），那么这种情况就不会在你的身上发生。

第9章
威力强大且人们不常使用的7种花招

本章内容：让对方无计可施；在签约的最后一刻提出额外要求；在签约之后立即要求重新谈判；"掉包抬价"诱售法；声明"我可是有特权的"；做出得意的样子；令人生畏的背景和音乐；将对方置于被动地位。

每个人在生活中都会与各种花招打交道。但是我们不建议任何人主动耍花招。因为这样做的后果通常都是事与愿违的，同时也违背了公平的原则。有的时候，人们自以为聪明地耍花招甚至还会触犯法律。无论你的谈判对象是大人物还是游击高手，他们都会对这样的行为感到不满。一旦你的对手们发现你在耍花招，他们也会立即找你算账。我们写这本书的宗旨是帮助正经人做正经生意，而不是像什么骗术大师一样教人如何使诈。你可以登录 www.GuerrillaDon.com 查看 76 种诡计的具体内容。我们在本书中只录入了其中 14 种，也就是第 63–75 种花招，具体参见第4 章。

我们之所以会谈到这些花招，是因为人们总会乐此不疲地使用它们——特别是游击高手们。你必须尽快了解这些花招，并做好反攻的准备，随时应对他人的各种手段。

想要知道他人是否在对你耍花招，只需看一下我们刚讨论过的第20 种合作手段（心理诱导）就可以了。也就是说，你要注意看对方是不是为了让你产生信任感而做出大大超出他职责范围的事情。换个角

度来说，如果你与对方有过度的合作，希望与对方建立亲密关系的动机，是为了让双方都获取更高的利润，那你运用的就是合作手段。但如果你的目的是通过疏远对方和对方亲友之间的关系，并接管他手头上的事务来发展自身利益的话，那么你运用的就是一种操控术，也就是在要花招。

那么，心理诱导本身算是一种花招吗？我们并不认为诱导他人是对他人的冒犯，事实上，这是一种恭维，让他们在感到无聊的时候放松一下情绪。如果他们对你的诱导行为无动于衷，那并不能说明你做错了什么——只能说明你用错了方法。如果是在商场里，你想要对方购买你的产品，那么你只要选对方法，避免走错路，就可以做到稳操胜券。

因此，我们不会对你的动机指手画脚，只是想向你普及一下唐纳德的100种最有力的手段，让你在与他人的交际过程中能够更加轻松地主导他人，达到你预期的结果。你可以随意定义你的行为——你可以说自己是在操纵他人，或劝说他人，或影响他人，或与他人交涉，或与他人做交易。只要你做得漂亮，你就会看到令你满意的结果。我们也会感到很高兴，因为我们知道这本书可以助你一臂之力，完成重要的任务。

现在，就让我们一起来看一下这7种威力强大且人们不常使用的花招：

第1种花招：拖延时间至最后期限，让大人物无计可施只得点头

拖延时间，一直拖到大人物或其他游击高手设定的最后期限——然后再向他索要更多的让步或好处。如果他想要在交易一开始的时候就让你对他产生依赖心理，那么你就要提高警惕了。在你们发展关系的初期阶段，他会非常注重你们之间的合作，让你感到他是你不可或缺的合作伙伴。（第5种和第20种合作手段：找到最佳盟友——那就是你的对手，

心理诱导）。他想要的就是让你很难甚至无法找到其他方案去获得你自己想要的东西，从而只能承诺跟他交易。下面的两个例子讲的就是这样的骗局：

一个能言善辩的卖方想要说服你付一笔更高的定金（注意，定金是不可归还的）。于是他打电话和你说，"货到了。"但是当你来到店里取货的时候，他又会说由于这样那样的问题，现在还不能提货。事实上，他就是想让你买另一个品牌的产品——当然了，这个产品的价格更高（第16种花招：卖方的"掉包抬价"诱售法）。

尽管你不想让你的谈判对象知道自己付款的最后期限，他还是会通过博取你的信任套出你的话。他会故意拖延一段时间，直到临近这个最后期限（第27种防御手段：拖延时间——消失一小段时间）。接着他就会告诉你，他会马上做好他该做的事，但是却开出了一个更高的价格（还是第16种花招）。

由于放弃了和他人的合作，你只能无可奈何地接受他的开价，这真是一件让人郁闷的事（第28种决策手段：合理利用最后期限）。试想一下，你准备举办一场盛大的派对，但是你请的水管工总是迟迟不来，就在派对开场的前一分钟，他终于出现了，并开口向你索要更多的维修费，你觉得自己有可能不给他吗？

两种制胜反击攻略

- 在我们讨论的第一个骗局中，这个卖方运用了两种合作手段（第5种和第20种）博取了你的信任。这属于典型的情况。在对方表现出过度合作的倾向时，你要提高警惕。不要相信那些太过热情，热情到虚伪的人。**不要轻易被人说服**（第7种准备手段）。不要太信任任何朋友。

- 另外，当然了，小心有诈——但是不要先要诈（第65种决策手段）。

第 3 种花招：在签约的最后一刻提出额外的要求

在你们双方已经达成一致意见，你正准备提笔签署协议时，及时刹住！你要在落款之前向大人物或另一位游击高手再提一点要求。但是你额外提出的必须是无关紧要的小要求，而不是什么要紧的大事。和所有的花招一样，这一招也有些不道德，但是基本上都能奏效。比如说："那个，咱们顺便延长一下保修期吧——我不出钱了哦。"

5 种制胜反击攻略

- 不要对上演这一戏码的人冷嘲热讽（第 2 种决策手段），尤其是在对方年纪大的情况下。举个例子，你千万不要对一个老年人说："先生，您都这把年纪了，做事欠考虑啊。"相反，你要站在道德的制高点对他说："我们谈判都是讲信用的，关于合同里的条款，我们也达成一致意见了。如果你有什么不满，应该早点和我们说。我没有时间也没有意愿和你们重新商讨这个问题。这让我感觉很不是滋味。"这就是第 26 种花招（道貌岸然）——或者说，这就是十足的道貌岸然。接下来你就静观其变，如过他依然坚持，那你就可以用第 68 种决策手段，告诉他"到此结束"。

- 不要妥协（第 89 种防御手段）。记住，如果你这一次答应了他的额外要求，他就会不停地用这招得到好处。

- 多了解一下对方（第 32 种决策手段：知己知彼）。他的要求过分吗？如果是这样，守住你的底线不要答应他。你要确保这次签约的项目会给你带来丰厚的利润。

- 时刻保持警觉——在这一点上，游击高手们比大人物们做得可好多了（第 7 种准备手段：不要轻易被人说服）。

- 最后，为了防止此类情况的发生，你要当着他的面跟你的老板打电话确认，告诉他交易已经完成了（第 5 种花招：表明自己权力有限——"不过我还得先问一下领导"）。在他提出要求时，告诉他你不能做主，因为你不想因此让老板找你的麻烦。这里运用了两种手段：第 86 种决策手段：运用法律手段，以及第 31 种防御手段：多打打官腔。

第 4 种花招：签订合同后立刻开始重新谈判

签订完合同之后，大人物立刻又开始讨价还价的商谈，这说明这个合同对他来说没有多大价值，因为从一开始他就没有打算按照协议办事，至少在大多数西方国家中是这样的。（你可以回头看一下第 2 章里谈到的美国人不擅长谈判的第 14 个原因。）

但是，你必须要记住我们在第 2 章里谈到的重要的文化差异：很多非西方国家认为，对合同中具体内容的商讨必须在谈判的一开始就进行，并一直持续到双方结束商务合作关系。而西方国家的谈判者认为合同具体内容的商讨是谈判的最后一步，他们希望对方会按照合约上的具体细节行事。你可以登录 www.GuerrillaDon.com，查看有关非西方国家对待合同的态度的相关内容。

顺便说一句，无论是大人物还是游击高手都会使这一招，这不是大人物专用或专门用来对付大人物的花招。

4 种制胜反击攻略

如果你来自西方国家，谈判的对象是中国人或泰国人，那么你就要注意这种文化差异。如果你和你的谈判对象都来自美国，那么你可以按下面的方法做出应对：

- 拒绝交易，准备离开（第 73 种决策手段）。看看大人物或另一位

游击高手是不是要制止你。如果他这样做了，这就表示他比你更希望做成这笔生意，所以你在这次谈判中是占上风的。

- 告诉他，"我已经告诉老板合同签好了，如果我再告诉他这件事，他一定会非常生气的。所以我不会同意的。"这就是第 5 种花招（表明自己权力有限——"不过我还得先问一下领导"）。

- 在他面前表现出你的愤怒。你可以运用第 101 种决策手段（假装发脾气）以及第 51 种花招（吓得对方魂飞魄散），注意拿捏好分寸，稍微表现一下就可以了。

- 另外，使用这些反击攻略时不要露怯（第 70 种决策手段：勇敢面对，不要害怕）。

如果你在一开始就以书面合同的形式向对方索要高额定金，那么一般来说，这样的事情就不会发生了。确保在签署合同的时候对方已经付给你定金。如果他们想要重新谈判，或提出什么非分的要求，你可以拒绝归还这笔定金（第 1 种准备手段：未雨绸缪——情况总是在不断变化的）。

第 16 种花招：卖方的"掉包抬价"诱售法

商家通常都会这样打广告：当你被广告中的低价商品吸引，跑去买东西时，售货员就会告诉你那个产品怎么怎么不好，然后拉着你买另外的产品——这一产品的价格当然要高得多。有的时候，他会直接告诉你："抱歉，那个已经卖完了，试试这种吧，这个也不错。"汽车经销商也会这样对你说："广告里的那种车放在后面的仓库里，中间还隔着 10 排其他品牌的车，我们要花一小时左右到那里，然后你就可以试驾了。"

在高级商务谈判中，人们还不敢这样肆无忌惮地使用这一花招，然而事实上也不乏游击高手愿意赌上一把：他先是向大人物开出一系列十分诱人的条件，以此吸引对方（第 13 种合作手段）。当大人物感到很满意并准备购买的时候，这位游击高手又想向他提出额外的要求，于是对他说："现在这个条件就不行了，这不是为难我嘛。"

3 种制胜反击攻略

- 多了解有关卖方的信息（第 22 种防御手段：收集并核实得到的信息）。如果他经常玩这种诱售的伎俩，那就趁早离他远远的。

- 不要只是告诉对方你要走了，这笔生意不做也罢（第 73 种决策手段）。光嘴上说说是没用的，你应该做出实际行动——起身离开（第 68 种决策手段：到此结束）

- 我们听说过制裁卖方这种行为的相关诉讼案，买方运用的就是第 19 种花招的一种变体（打毫无意义的官司，只为给卖方惹麻烦）。但是我们不推荐你使用这一方法，原因如下：

  ○ 不方便采集证据。

  ○ 对卖方造成的实质性的打击微乎其微。纯属浪费你的时间，不划算。

  ○ 最重要的是，如果你真的这样做了，谈判也就搁浅了。这就是你想要的结果吗？

第 27 种花招：做出得意的样子——让对方以为你已经掌握了大量有关他和他公司的信息

把功课做到家，然后在大人物或另一位游击高手的面前表现一下，好让他们大吃一惊："他怎么会知道这么多有关我的事？"注意，你的功课一定要做得够细致，够准确。

事实上，对方不仅会感到大吃一惊，还会有一种受宠若惊的感觉。为什么？因为他知道，你一定是十分看重这位对手，不然就不会费工夫

调查他了。然而另一方面，你的做法也有可能让他心里忐忑，忍不住问自己："他这么做是在向我示威呢，还是在向我示好呢？"

然而你真正的目的就是通过在他面前展示你搜集信息的能力，表明你对他的优势和软肋已经心知肚明，从而给他留下深刻的印象。

另外，你这样做还会带来一个额外的好处——你会打乱他的阵脚。他会对你搜集情报的能力感到震惊不已。

3 种制胜反击攻略

大人物或其他游击高手掌握了有关你的什么样的信息？

- 如果他很了解你，你就要提高警惕了——他可能已经知道你的底线了。你可以试探性地问他一些问题（第 22 种防御手段：收集并核实得到的信息——明辨真假，揭穿谎言）。

- 如果他手头上的信息有误，你可以礼貌地提醒他。如果这样做对你有利的话，就更加不要迟疑。这里结合运用了第 60 种决策手段（使用花言巧语说些恭维的话，以及利用自身魅力）和第 17 种合作手段（要给对方留面子）。

- 如果他拿出和你对峙的架势，向你提起的有关你和你公司的信息都是准确无误的，那么你就要拿定主意了：是通过虚张声势摆脱困境，并让他认为自己得到的信息是错误的（第 50 种决策手段：虚张声势——不要让人轻易看穿你的谎言），还是顺势坦诚相待（第 8 种合作手段），告诉对方他说的没错？我们的建议是：不要对他说谎。你可以采取这样的态度：如果他已经对你了解很深，那就让他成为你的盟友（第 5 种合作手段：找到最佳盟友——那就是你的对手）。

第 38 种花招：令人生畏的背景，操控他人的音乐

当你坐在谈判对手的办公室里和他谈生意的时候，你要么会感到轻松愉快，要么会感到坐立难安。如果大人物或另一位游击高手想要震慑住你，他可能会这样做：

- 背景音乐不是你喜欢的类型，而且音量开得很大。我们假设对手运用了第 22 种防御手段（收集并核实得到的信息），对手经调查发现你不喜欢巴瑞·曼尼洛的音乐，于是他就会将其设置为"招待"你的背景音乐。青少年通常都认为他的音乐不合潮流，因此新西兰克莱斯特彻奇的一家商场就专门播放巴瑞·曼尼洛的 CD，用来驱赶那些寻衅惹事的青少年。同理，关塔那摩湾监狱的审讯人员会在询问时播放幼儿教育电视节目"芝麻街"的主题曲，位于阿富汗的中情局监狱也会适时地播放说唱歌手艾米纳姆的那首《真正的苗条沙迪》。
- 发电机在他的办公室下方不停地震颤。
- 脏兮兮的天花板和地板。
- 闪烁的灯光。
- 干脆一不做二不休——为来访者准备一个污秽不堪的洗手间（第 43 种花招）。

3 种制胜反击攻略

- 当你第一次走进他的办公室时，让自己的感官变得敏锐起来。感受一下周遭的氛围——让你觉得自在还是不自在，还是有受到胁迫的感觉。如果你觉得很自在，那么这次谈判应该就不会出什么岔子。如果你觉得不自在，那么你就要提高警惕了——除非你换一个地方谈，如果能在你自己的办公室谈判那就再好不过了（第

10 种决策手段：谈判地点的奥妙之处）。

- 如果大人物的所作所为让你颇为烦恼，那就直接与他对峙，这就是第 52 种决策手段（问对方："为什么在我面前耍花招？你就不能消停一会吗？"）。告诉对方你要准备离开了，还要让他知道你离开的原因（第 73 种决策手段）。

- 如果上述做法都不管用，那你就果断地起身离开吧（第 68 种决策手段：到此结束）

你对环境的敏感度有多高？假设你正在进行求职面试，问问你自己，当下面的情况发生时，你会作何反应：

- 当你走进面试官的办公室，发现桌子上放着一个棱角分明的皮质公文包，你会作何反应？
- 当你走进某人的办公室时，发现桌子上空无一物——连一张纸都没有，你会作何反应？
- 如果对方让你坐在一把硬椅子上，你会作何反应？
- 如果对方让你坐在一把又软又舒服的椅子上，你会作何反应？
- 如果对方用一杯热茶或热咖啡招待你，你会作何反应？
- 如果对方用一杯冷茶或冷汽水招待你，你会作何反应？

学术期刊上的一篇文章是这样解释的：

- 看见棱角分明的皮包时：大多数人都会变得更加强势。
- 看见桌上空无一物时：大多数人都会变得小心翼翼。
- 坐在硬椅子上时：大多数人变得不容易受他人影响。
- 坐在舒服的椅子上时：大多数人变得容易受人影响。
- 提供热茶或热咖啡时：大多数人变得更加大方，更会为他人着想。
- 提供冷茶或冷汽水时：大多数人变得更加小气，不愿为他人着想。

我们同意这篇文章的观点，你呢？

第 77 种花招：将对方置于被动地位——故意让他丢脸，但不能做得过火

在亚洲国家，人们总是会因为这样或那样的原因感到自己丢了面子，但是在美国，情况就不一样了。还记得我们在第 2 章里讲到的美国人与外国人谈判时总是占下风的 18 个原因吗？其中一个原因就是美国人不会轻易感到丢脸。这一手段在美国很少有人使用，其中一大原因就是，想要让美国人（无论是大人物还是游击高手）感到丢脸着实是一件难度系数很高的事。

注意：稍稍让对方感到尴尬就可以了，如果你做得太过分，让对方颜面扫地的话，那就弄巧成拙了。这一招的杀伤力就在于在对方意想不到的情况下挫挫他的锐气。

两种制胜反击攻略

- 当对方对你使用这招时，你要做出若无其事的样子（第 55 种花招：说谎），但要做到这一点可不容易。举个例子，当你去你的一位潜在客户家里拜访时，看到他的妻子蓬头垢面地站在门口迎接你，你会作何感想？接着，等你进了屋，又看见你的客户穿着 T 恤短裤，外罩一件睡袍，你还能若无其事地像往常一样和他谈工作吗？这时，你会直接对他说："要不哪天方便的话我再过来？"
- 我们建议你直接与他对峙，告诉对方："你这是在要什么花招，我不吃这一套！"（第 52 种决策手段）

总结与展望

至此，我们已经为你讲述了 48 种威力强大且人们不常使用的交易手段。在 10 章 –15 章里，我们将为你讲述威力强大且被人们一再使用的 50

种手段。你会发现在谈判桌上,你的对手总是乐此不疲地在你身上运用这一类手段。所以你一定要关注我们为你准备的各式反击攻略,在今后的谈判中,你会经常使用到它们。

GUERRILLA DEAL-MAKING

第四部分

唐纳德的50种威力强大且被人们一再使用的策略

想要看穿一个大人物不是什么难事。在 10 章 –15 章里讲述的 50 种手段就是大人物的最爱，他清楚地知道，这些手段通常都很有效，因此他使用起来毫不手软。大人物很少做什么让人意想不到的事情，这为包括你在内的众多游击高手们省了不少麻烦。但是请想一想：为什么无论是大人物还是游击高手，他们总会在第一时间使用这 50 种手段呢？原因就是这些手段实在是太管用了，只要运用得当，它们的效果绝对堪称惊艳！所以你应该好好地运用它们——也要好好地防备它们。正确的做法就是，掌握各种反击攻略，做好准备，好在对方发动攻势时强势回击，而不是待在一旁手足无措。这 6 个章节为你准备了多种反击攻略，用以扩充你的手段装备库。

在你阅读第四部分时，请牢记以下 3 点重要内容：

- 第一，你要记住，尽管这 50 种手段被人们一再使用，它们的威力仍然让人惊叹不已。

- 第二，尽管大人物可能会预料到你会使用这些手段，但请记住，你是一个游击高手，游击高手从来不按常理出牌。大多数大人物的想象力都没有他们曾经渴望成为大人物时的想象力丰富。你会很快意识到，在使用这些手段的同时发挥你的想象力，你就可以在与大人物的交手中立于不败之地。

- 第三，要像孩子一样思考问题（第 4 种准备手段：向孩子们学习，让自己的思维转得更快），心平气和地应对对方模棱两可的态度（第 5 种准备手段：端正态度——我必须要了解对方的需求），这有助于激发你的创造性思维。你可以回过头再看看这两种手段，它们都在第 5 章。你还可以登录 www.GuerrillaDon.com 了解更多有关如何提高创造力、跳脱固有思维模式的信息。

第 10 章将讲到 50 种威力强大且被人们一再使用的手段中的两种——它们是两种准备手段。下面是 11 章 –15 章的内容：

- 第 11 章：27 种决策手段——它们被人们一再使用且威力强大。
- 第 12 章：12 种防御手段。
- 第 13 章：3 种顺从手段。
- 第 14 章：2 种合作手段。
- 第 15 章：4 种花招。

现在，让我们从第 10 章的两种威力无穷且人们一再使用的准备手段开始谈起。

第 10 章

威力强大且被人们一再使用的两种准备手段

本章内容： 做出让步，具体怎么做要看对方做出了怎样的让步；你有哪些资源？你的目标是什么？在什么时候向对方透露你的需求？

第 19 种准备手段：如何做出让步——20 件该做的事和 20 件不该做的事

每个人都会做出让步，因此我们称它为"被人们一再使用的手段"。由于这 20 件该做的事和 20 件不该做的事占用的篇幅太长，所以在这里我们先不做专门的讨论。让步是一种重要的策略，我们得用独立的一章详细说明这个问题，因此在第 17 章里，我们会对"做让步"这一手段进行具体的分析，包括解释 40 件该做与不该做的事，你可以先跳到第 17 章查看具体详情。以下内容是我们为你准备的反击攻略。

制胜反击攻略

当对方做出让步时，你可以退让一步，也可以坚定你的立场，毫不动摇。至于具体怎么做就要看对方做出了怎样的让步，你手头上有哪些资源以及你的目标是什么。因此，具体的反击攻略也有不少——超过了 100 种。我们在这里可以给你这样一条具体的建议：大多数谈判者不会认真记录自己和对方做出了哪些让步。我们在第 7 章里也谈到了这一点。

你要在谈判时记录对方做出的让步，进而分析他的让步模式。如果你察觉到大人物或另一位游击高手也在分析你的让步模式，你可以这样应对：重新翻阅第7章的内容，我们在那里为你提供了6种反击攻略，具体包括：第1种和第16种决策手段，第15种、第20种和第53种防御手段，以及第55种花招。确切地说，就是使用模棱两可的态度，让对方感到难以捉摸，在做出让步时表现出难以割舍的神情，留心对方做出让步的时机，观察对方的身体语言。

第23种准备手段：你先松口，我才能松口

还记得第6章中谈到的"知己知彼——信息就是力量"（第32种决策手段）吗？还记得第7章中谈到的"保持沉默，一言不发"（第10种防御手段）吗？你和大人物想的一样，"我必须要知道对方想要的是什么，但是我不能让他知道我要什么——总之现在还不行。如果他先说出来，我就占了上风。"这更像是"瞪眼比赛"——谁先眨眼谁就输了。你要做的就是尽量拖延，不让对方知道你不想让他知道的重要信息。谁先开口，谁就先做出了让步，但对方却不会相应地做出让步，所以千万不要做这样的蠢事。

我们假设你想让大人物卖方给你按最低价。你在他的办公室里和他谈判，说道："我在很多地方咨询过了，发现顶点公司开出的价格比您开出的低，但我还是准备在您这里买，请告诉我您能给我的最低价。"大人物很有可能会这样回答你："顶点公司出价多少？"在这种情况下，你要坚守立场，再次重复你的问题，总之不能老老实实地把价格告诉他。于是一场谈判就开始了。他会不会先松口，给你一个更低的价格？这就要看他对和你做生意有没有兴趣了。他会先考虑你以往做生意的口碑怎么样，能和你再次合作的机会大不大等等，再作出决定。

对方有可能会继续向你施压，问你有没有相关的文件，比如顶点公

司的书面投标案、广告册、产品目录等。看来这场谈判不会那么快就结束，现在你该怎么做呢？

如果你不作任何解释，拒绝告诉他顶点公司开出的价格（第71种决策手段：坚定不移——说"不"），那么事情就被你搞砸了。你应该这样做：

- 态度要坚决，告诉大人物："我不想告诉你顶点公司开出的价格，因为这有可能会影响到我和顶点的关系。你一定会理解我的，对吗？"这里用的是第3种防御手段（唤起对方的道德感和正义感）。
- 告诉他："我倒想告诉你呢，不过公司的规定不允许，我也无能为力。"这里使用了第31种防御手段（多打打官腔）。但是对方不会轻易相信你的借口，所以你的演技一定要过关——这样才能让他相信。你能做到吗？这就是第55种花招：公然撒谎，而不是夸大其词。

我们假设对方要你摊牌（第51种决策手段），并告诉你："我不相信你说的话。我知道顶点公司，他们要的价比我们的高，不可能以低价卖给你们相同质量的产品。"你该如何回应？我们认为最佳的回应方式就是：对他说"真没想到你会这么说，我们都合作这么多年了，你怎么还会怀疑我说的话？"，这样的话足以让他感到羞愧。这就是第80种决策手段：通过让对方感到内疚来震慑对方。

第11章
威力强大且被人们一再使用的27种决策手段

本章内容：装傻充愣；大惊失色；什么时候开出最优惠的条件；避免买家自责；最后期限；盲点；各个击破；傲慢；自我意识；红脸与白脸；设置诱饵；大量兜售；虚张声势；愿望清单与实际清单；自身魅力；内部资料；干劲十足，施加压力；什么时候离开；不要接受对方的拒绝；威胁对方这笔生意不做了；震慑对方（三种手段）；将对方置于被动地位；蚕食对方；用数据说话；问题转换。

第11种决策手段：装傻充愣，对对方说："你说谁，我吗？对不起，我还不知道呢。"

聪明人知道自己什么时候得犯傻，非常聪明的人知道自己的谈判对象什么时候在装傻。大人物和游击高手们通常会这样使用这一手段：

- 首先，他们主动出击。他们为了自己的利益做出行动，即使这样做有违人们默认的谈判规矩。当你找到对方，要求他们给出合理的解释时，他们就会做出无辜的样子——假装当时自己不知道会产生什么样的后果。

- 另一种方法就是，即使自己已经知道了答案，还要向你发问。这样做的目的是什么？就是为了检测一下你是否诚实，或是为了核

133

实一下自己手头上的信息是否准确。另外，还可以试探一下你是
不是和他们一样精明，是否会利用装傻充愣这一招拖延时间。

3 种制胜反击攻略

- 观察对方的身体语言（第 15 种防御手段）。如果你能准确读出他
  人的身体语言，你就可以看出对方是不是表现得过于无辜了。如
  果是这样的话，你就要小心了。他很有可能是在试探你。

- 和对方说话时要多长一个心眼。记住，你透露给他的任何信息都
  有可能为他所用，对你造成威胁。你在无形中助长了对方的力量，
  自己却一无所获。所以说，做人绝不能笨到这个份儿上（第 42 种
  防御手段：不要向对方透露非常重要的信息）。

- 时刻保持警惕。要有怀疑精神——多了解了解对方，看他是不是
  经常使用这一招（第 22 种防御手段：收集并核实得到的信息——
  明辨真假，揭穿谎言）。

第 15 种决策手段：表现出大惊失色的样子

我们发现，无论是大人物还是游击高手都会经常使用这一手段。但
是，游击高手运用起来却更加得心应手。无论你是买方还是卖方，这一
招都很有效。假如你是买方，当卖方告诉你他的要价时，你要表现出大
惊失色的样子，不要只是开口说两句"太贵了"，身体语言也要运用起来
（第 16 种防御手段）。展现一下你的高超演技，让对方认为你真的是很难
接受这个价位（第 16 种决策手段：做出让步时表现出痛苦的情绪）。

唐纳德去过不少第三世界国家，他在那里买东西的时候就经常会用
到这一招。商店的老板认为他是一个有钱的美国佬，于是每每都开出高
价。这个时候，唐纳德就不会表现得像大人物一样，他会做出游击高手
的姿态。他一边喊着"哎呀，太贵了！"，一边面露难色。这下可把老板

们弄糊涂了，这哪里像有钱人会做的事啊。这一招的确适用于很多国家，但是在美国就不太管用了。如果你认为对方的要价太狠，不要做出一副"你还真敢开口"的表情，对对方冷嘲热讽。你应该表现出大吃一惊的样子，这样会更有效。也就是说，此时，你不应该使用第31种花招（羞辱调侃对方）。

4种制胜反击攻略

- 不要相信对方作出的反应（第7种准备手段：不要轻易被人说服），也不要让步。
- 不论你是买方还是卖方，问对方一些试探性的问题，搞清楚为什么他不满意你开出的条件（第41种防御手段：不停地询问更多信息）。
- 不要告诉对方你为什么要开出这样的条件（第42种防御手段：不要向对方透露非常重要的信息）.
- 为什么不能透露？因为透露信息本身就是一种极大的让步，如果得不到任何回报的话就不要做出让步（第19种准备手段：如何做出让步——20件该做的事和20件不该做的事）。

第19种决策手段：不要太快给大人物开出最优惠的条件

不要太快做出承诺。你应该从一开始就让大人物认为你会满足他提出的每一项要求。但是到了接近谈判尾声的时候，不要像他预期的那样满足他的条件，你要提出一个更有诱惑力的建议，并让他接受，这样一来，他之前提出的要求自然就一笔勾销了。换句话说，他又做出了一次让步，这就是游击谈判的妙处所在。你可以通过以下3种方式来达到你的目的：

- 告诉卖方："如果你按我的价格来，我就把订单的量增加一倍。"

- 告诉卖方:"到了淡季的时候我还会从你这儿进货,你的生产进度可就有保障了。"
- 告诉卖方:"我知道你现在缺少周转资金,如果你同意我的要求,我会很快把钱打给你的。"

这一招就是桥牌中的"用王牌吃掉他的 A 牌"。

3 种制胜反击攻略

假如大人物对你使用了这一手段,你应该怎么做?对方表现得如此合作,你甚至找不到什么合适的方法加以反攻。事实上,在这种情况下,你应该这样做:

- 不要太快接受对方的提议(第 24 种决策手段)。
- 保持怀疑的态度(第 7 种准备手段:不要轻易被人说服)。
- 拖延时间。你可以这样对他说:"哇,我还真没想到呢。我得先回去和老板商量一下再给你答复。"这里使用的是第 5 种花招(表明自己权力有限——"不过我还得先问一下领导")。
- 最后,绝对不要反过来向对方做出更多承诺,尽管对人们来说,做承诺比做让步要容易一些。事实上,做出承诺会让大人物贪婪地要求你做出更多让步。也就是说,不要使用第 13 种合作手段(做出诱人的承诺而不是做出让步)。

第 24 种决策手段:防止作为买方后悔不迭——对对方的提议不要迅速接受

游击高手们喜欢速战速决,这是他们的天性。但是,请注意,不要因此而成为急功近利的人。不要一口答应大人物第一次开出的条件,即使他的条件正合你的心意，甚至比你预期的还要诱人。如果你没有和他讨价还价就一口答应了，那么很可能会出现你不愿意看到的结果，具体如下：

- 如果你是买方：很快，你就会觉得自己买的东西有问题，并因此憎恶卖方。你还会悔不当初，"如果没那么快答应就好了"。
- 如果你是卖方：你会认为自己亏大了，接着就不想再继续这笔生意了——越早抽身越好。

买方和卖方都懊恼不已，这样看来，"购买后自责"也可以换成"购买后或卖出后自责"。不要把这一现象和另一种类似的现象，即"赢家的诅咒"弄混了，后者指的是拍卖活动的中标者出价过高。这些中标者通常是因为高估了拍卖物品的价值才会开出如此高价。当他得知物品的真实价值后，往往都会懊恼不已。

4 种制胜反击攻略
最重要的两种反击攻略：

- 保持怀疑的态度，问问自己："为什么对方要开出这么诱人的条件？他又不傻。要么他是怕我和其他卖家有什么来往，于是用这么好的条件留住我，要么就是他的产品或服务有什么问题。"这就是第 7 种准备手段（不要轻易被人说服）。
- 这种感受会在你购买了他的产品或服务后更加强烈。因此，为了避免后悔，你应该做到不为眼前的利益所动，并对对方说："我还要考虑一下。"这就是第 27 种防御手段（拖延时间——消失一小段时间）。

你还可以这样做：

- 运用你的身体语言告诉对方，你实际上对此没什么兴趣（第 16 种防御手段）。
- 告诉对方："你的条件听上去不错，不过我还是要先回去和老板商量一下。"这是第 5 种花招（表明自己权力有限）。

第 28 种决策手段：合理利用最后期限

本书的第 17 章深入地讨论了有关最后期限的问题。现在，让我们做一个简短的预习，请记住以下 3 点：

- 著名的 80/20 规则有很多个版本。本书里的"80/20 规则"是指：交易中 80% 的关键行动都发生在谈判最后 20% 的时间内。因此，在最后期限来临之前的很长一段时间里不要做无谓的付出。
- 如果大人物在最后期限前还有商量的余地，那就说明他没有认真在做这笔生意。
- 不要担心对方的最后期限的相关问题。他的最后期限限制了他的自由，而不是你的。所以就让他去担心吧。需要遵守最后期限的是他，而不是你。对你来说，没有最后期限的限制，你就可以更加灵活地处理很多问题！一旦你想方设法知道了对方的最后期限，并做好保密工作，让对方无法得知你的最后期限，那么他的麻烦就更多了。

4 种制胜反击攻略

如果大人物或另一位游击高手想要搞清楚你的最后期限，你可以这样做：

- 在几乎所有情况下，不要让他知道你的最后期限。这里用到了两种手段：第28种决策手段（合理利用最后期限）和第42种防御手段（不要向对方透露非常重要的信息）。当你向对方透露你的最后期限时，就相当于做出了让步——然而却得不到对方的回报。接下来，他就很有可能什么也不做，只是一直拖延时间（第27种防御手段）。直到临近你的最后期限时，他就会开始向你施压（第66种花招），希望让你尽可能多地做出让步。

- 只有在一种情况下你才应该让他知道自己的最后期限，那就是你想通过告知对方你的最后期限来向他下最后通牒，不留商谈的余地（第67种决策手段）。但是你要小心行事，因为这种做法经常会弄巧成拙。他很有可能会认为你在与他谈生意时顶着很大的压力，这会让他想要得到更多。

有关对方的最后期限，你还可以按照如下方法了解更多信息：

- 探一探他的最后期限是否合理，注意中间有没有什么缓冲时期（第22种防御手段：收集并核实得到的信息）。

- 搞清楚他的最后期限是不是为他的老板和所有第三方所接受。如果是这样的话，这个最后期限就很有可能是合理的。这里运用到了两种手段：第22种防御手段和第32种决策手段（信息就是力量）。

第31种决策手段：侦察到对方的盲点并加以利用

在你与大人物做交易之前，你应该尽量多了解他（还是第32种决策手段）。如果你对他不甚了解，那就要仔细观察他的身体语言（第15种防御手段），并认真聆听他说的话（第14种合作手段）。你会很快知道他

的盲点所在，这对你来说是非常重要的信息。在这之后，你要按照下面的 4 种指导原则行事：

- 如果他很贪慕虚荣，你可以多多奉承他。和游击高手相比，大人物的虚荣心要强得多。
- 如果他很吝啬，就让他知道如果这笔生意谈成了，他会赚取多少利润。
- 如果他很快就下了结论，你要确保这正是你想让他做出的结论。
- 如果他总是拿不定主意，你就要帮他作出决定。

也就是说，如果他是个蠢人，那你就不要手软——利用他的无知赚他一笔吧。

两种制胜反击攻略

首先，你要慎之又慎——不要对你的对手妄下结论。你可能会认为自己已经知道对方的盲点了，但是事实上，大多数人都会看走眼。想要发觉他人的盲点可不是一件容易的事。请记住第 15 种准备手段的内容：做好准备，相信自己的直觉，然后付诸行动。但是你要保证按照以往的经验，你的直觉都没怎么出过错，这样你才能相信自己的直觉。

第二，你知道自己的盲点所在吗？如果你对此一无所知，那么大人物和其他游击高手就会利用到这一点，而你还一直处在状况外，不知道到底发生了什么事。因此，我们建议你这样做：

- 学会面对现实——深度剖析自己，对自己的优点和缺点做到心中有数。根据杰伊和唐纳德多年来的经验，大多数游击高手（包括你在内）的最大盲点就是太过乐天派。你应该学会面对现实，而不是做一个乐天派。也就是说，你一定要尽你所能避免使用第 63

种防御手段（忽略现实，将注意力放在不切实际的可能性上）。你要使用的应该是第32种决策手段（知己知彼）。

- 接下来，你要努力摆脱自身的盲点，这是一项艰巨的任务。你可能并不擅长发掘自身的盲点，因此，在你判断对方的盲点所在时，更要慎之又慎（第9种准备手段）。

第35种决策手段：保持竞争力——各个击破

大人物们喜欢以团队的形式与游击高手谈判。在数量上压倒对方的确是一种强大的威慑性手段。因此，在你与大人物的团队谈判时，注意观察在你说话时，哪些人表现得饶有兴趣。如果你懂得身体语言（第15种防御手段），那么锁定这些人就是小事一桩了。你要将注意力放在他们身上，说服他们，让他们为你考虑。这些人会帮助你将你的想法推销给团队里的其他成员。

但是你怎样才能说服他们？如果你是一个在行的谈判者，只需要多花一些时间专门和他们接触一下就行了。但是不要在他们身上花太多时间，你也不想把他们和团队里的其他成员划分开来吧。

3种制胜反击攻略

- 当你带着团队进行谈判时，不要让对方和你团队中的某些人拉关系，甚至将这些人作为他们的后援团。你要提高警惕，多多召开团队内部会议，仔细观察哪些成员出现了过度偏向对方的倾向。你要和这些成员保持密切的关系，让他们知道自己应该是站在你这一边的（第54种决策手段：控制谈判进程）。
- 如果很难做到这一点，你可以先从谈判中抽身出来，但是在这一小段时间内，尽管你退居幕后，还是要继续向你的目标努力迈进（第56种花招：谎称撤退——实际上你仍在那里，隐藏在中间人的

身后）。

- 如果上述做法都不奏效，你就要适当地限制你的团队成员与对方的往来（第 55 种决策手段：控制你的团队提供给对方的信息量）。

第 38 种决策手段：表现得傲慢自大

这是一种自信过度的表现，是大人物和希望成为大人物的人之间的拿手好戏，在生活中随处可见：

- 在军队里，某些长官会这样对待士兵（第 86 种决策手段：运用合法手段震慑对方）。
- 某些交警会这样对待超速的司机（第 86 种决策手段）。
- 自以为是的牧师似乎对谁都是这样（第 26 种花招：道貌岸然）。社会名流（第 95 种决策手段）和政客也是如此。
- 某些老板会这样对待雇员（第 90 种决策手段：运用你在公司的地位震慑对方）。
- 自我意识严重的大人物对待每一个人都是这样。他们似乎特别享受这种震慑他人的过程。

我们的建议：适度使用这一手段，注意不要侮辱对方。你或许没有你想的那样权大势大，特别是在你本身还存在着巨大盲点（第 9 种准备手段）的情况下。另外，千万不要表现得怒气冲冲。如果你压根就不想和对方再多谈什么的话，那就尽管用这一招吧。你可以说，"你以为你是谁啊，敢这么和我叫板？"等诸如此类的话。

4 种制胜反击攻略

不要让大人物骑到你的头上。事实上，如果你符合以下任意一点，就可以利用你的职权来对付他。也就是说，你也可以使用这一手段：

- 你的职业享有很高的声望（比如医生、大学教授）。但是要注意，你的职业或许并没有你想得那么让人眼红。举个例子，哈里斯民意调查显示，民众认为消防员比美国国会议员的威望还要高（第92种决策手段：运用你的职业声望震慑对方）。
- 你是本行业受到认可的专家——如果你是一位知名专家，那就再好不过了（第94种决策手段：运用你的专业知识震慑对方）。
- 你是社会名流（第95种决策手段）。
- 你是他的上司（第90种决策手段：运用你在公司的地位震慑对方）。

如果你并不符合以上任一种情况，又的确想和咄咄逼人的大人物做生意的话，你可以带上一位知名的专家，让他代你进行谈判（第3种决策手段：出其不意——让你的专家出面）。

第 39 种决策手段：以自我为中心——我是最棒的！

如果你想降低大人物的期待值，就可以使用这一手段。如果和他谈判的是一个大师级人物，他有可能会认为谈判的结果就是他做出让步。因此，你要用自己的成就，特别是近期的成就，给对方留下深刻的印象。你在早期取得的成就对他来说没有多大意义，他想要知道的是，"你最近都干了哪些大事？"

但是这一手段可能存在 3 个弊端：

- 如果你想骗对方（第 55 种花招：公然撒谎，而不是夸大其词），他可能会看穿你。
- 如果你只是一味自夸的话，他有可能会因为你自我感觉良好的

心态而失去和你合作的兴趣（第 2 种花招：打造无懈可击的好名
声——自夸并让别人也来吹嘘你）。

- 如果他真的信了你，可能会想从你那里得到更多，索要更多，甚
  至真的拿到更多，特别是在你有"圣诞老人"心态的情况下（第
  85 种决策手段：表达自己能给得起）。

3 种制胜反击攻略

当大人物和其他游击高手表现出一副目中无人的架势时，你可以按
照以下做法把这些自我意识极度膨胀的人拉回现实：

- 查证对方的话，看他们有没有在说谎，但是不要让他们知道你在
  调查（第 22 种防御手段：收集并核实得到的信息——明辨真假，
  揭穿谎言）。
- 就事论事地谈问题，不要做天花乱坠的演说（第 33 种决策手段：
  讲求逻辑，并让对方知道你是讲求逻辑的）。
- 控制你的自我意识。不要陷入无谓的比赛，和对方比谁更了不起
  （第 10 种准备手段：调节你的自我意识）。

第 44 种决策手段：一个唱红脸，一个唱白脸

这一手段对所有人来说都不陌生，同设置诱饵（第 47 种决策手段）、
大量兜售（第 48 种决策手段）一起，这三种是使用范围最广的交易手
段——无论对大人物来说还是对游击高手来说都是这样。使用这些屡试
不爽的招数，的确让人感到乐此不疲。

使用这一手段的关键就是一个"二人组"。当你看到这两个人时，也
就心知肚明他们要上演什么好戏了。唱白脸的人在第一轮谈判中总会提
出不合理的要求，而唱红脸的人则是安安静静地坐在一旁，不会提出任

何非分的要求。接着，唱白脸的就会找个借口出去一会儿，当他离开后，唱红脸的就会对你说："我会劝他的。我是站在你这一边的，不是他那一边。他就是个蠢货。"当你使用这一手段时，要注意：即使你和你的搭档的演技炉火纯青，这一招仍旧很容易被对方看穿。

3 种制胜反击攻略

- 要对方摊牌（第 51 种决策手段）。看着他们的眼睛对他们说："哇，这是我看过的最精彩的红脸和白脸的把戏了，等哪天我也要学学。"或者抱怨似地说："哎呀，这是我看过的最糟糕的红脸和白脸了。"

- 在你抱怨的时候要面带笑容，让他们知道你并不反感他们的行为（第 24 种合作手段：安抚对方的情绪，注意要表现得真诚一些）。

- 千万不要使用第 14 种决策手段：假装相信他们的表演。如果你让对方认为你没有看出其中的猫腻，他们就会认为你是一个蠢钝的人，并试图进一步从你身上得到好处。因此，不要让他们随心所欲地耍把戏。

第 47 种决策手段：设置诱饵，让对方的注意力从你真正想得到的东西上转移开

你是一个合格的演员吗？由于这一招太容易被人识破，所以你的演技必须让人无可挑剔。对你来说，这已经不是什么新鲜的招数了——你将一些次要的目标（诱饵）和首要的目标（真正想要的东西）一同向对方抛出，并误导对方，让他们认为这些次要的目标才是你看重的东西。接着，到了时机成熟的时候，你将这些次要的目标统统放弃，作为你的让步，但是不会放弃那些对你来说真正重要的东西。也就是说，你放弃了诱饵，得到了你真正想要的东西。

3 种制胜反击攻略

当大人物或另一位游击高手在你身上用这一招时，你可以这样应对：

- 双方对峙——要对方摊牌（第 51 种决策手段）。告诉他你知道他在说谎（第 55 种花招）。

- 你也可以设置诱饵，看看他会不会接受，将其视为你做出的让步，而不是他真正想要的东西（第 47 种决策手段）。

- 最后，如果你们双方都不肯退让的话，你就直接放弃这笔生意吧（第 68 种决策手段，对对方说"行就行，不行就算了"——到此结束）。

第 48 种决策手段：批发——大量兜售

如果你是买方，首先要出低价；如果你是卖方，首先要出高价。这是显而易见的事。给自己留出很大的谈判空间，在谈判开始时提出很多要求，包括一些不切实际的过高要求。这样的话，在你做出几轮让步后，你得到的还是很有可能比你一开始就提出较少要求来得多。

大人物和其他游击高手都指望你会用这一招。那就不要让他们失望，大大方方地使用这一手段吧。这是交易游戏不可或缺的环节。如果你不使用这一招，对方就不会看重你，他们会认为你要么是个骗子，要么就是蠢到家了。

5 种制胜反击攻略

你可以先试试以下 5 种攻略，再挑出最适合你的几种，在适当的时机做出反攻：

- 告诉对方，他的要求是不合理的，他应该更大方一点（第 87 种防御手段）。

- 但是不要侮辱对方，说他是骗子。使用第 60 种决策手段（使用花言巧语恭维对方，并利用自身魅力），不要使用第 31 种花招（羞辱调侃对方）。
- 对他的提议和气地一笑了之也未尝不可，但是你的笑要掌握分寸，不要让对方以为你在羞辱或调侃他。也就是说，你要小心地运用第 31 种花招，尤其在你的对手是大人物的情况下。但如果你的对手是游击高手的话，他说不定还会对你的谈判能力刮目相看呢。
- 按自己的要求定量开价（第 48 种决策手段）
- 这是你将自己愿望清单上开列的东西尽可能多地开给对方的好时候（第 56 种决策手段）

第 50 种决策手段：虚张声势——不要让人轻易看穿你的谎言

做交易的人在很多方面都喜欢虚张声势——他们的资金，他们的最后期限，他们的知识量，他们的文凭等等。虚张声势是另一种形式的说谎，但是在交易中，人们对这种现象已经见怪不怪了。正因如此，就算你的演技平平，也可以放心大胆地使用这一手段。事实上，如果你不虚张声势，大人物或游击高手都会认为你真的没什么本事，并借此从你这里谋利。我们的建议是：尽管去虚张声势吧，但是你要尽量表演得逼真一些。

很多交易者忽略了一点：做出虚张声势的架势和真正的虚张声势一样重要——扑克玩家中的高手都深谙此道。

两种制胜反击攻略

- 如果对你有利的话，那就要对方摊牌（第 51 种决策手段）
- 如果你要对方摊牌了，就要让他知道你根本不在乎他是否在虚张声势。对他说"那又怎么样？"，让他知道，和他比起来，你在这

笔生意中花的心思更少，这会大大增加你的优势（第 9 种防御手段：付出精力最少的人将赢得最多）。

第 56 种决策手段：愿望清单 vs 实际清单

如果你要求的东西太多，大人物或另一位游击高手就会无法顾及自己的要求。这就好比在狩猎场上，用一把散弹枪（射击范围广）代替一把步枪（射击范围窄，更加精准）。

如果你不想一下子把他吓倒，那就不要把你的要求一次性告诉他。来日方长，你要慢慢地展开你的愿望清单（第 103 种决策手段：蚕食对方——耗尽对方的力量，赢过他）。

5 种制胜反击攻略

- 与他对峙（第 51 种决策手段）。从我们以往的谈判经验来看，真正在一场谈判中涉及的问题很少会超过 4 个。如果大人物还要和你讨论第 5 个问题的话，你就告诉他："你已经把你的愿望清单交给我了，现在让我们来看看你的实际清单吧。"

- 但是不要和他对着干。在提出你的要求时露出会意的笑容，让他知道你认为他对你提出的要求都不是认真的（第 24 种合作手段：安抚对方的情绪，注意要表现得真诚一些）。

- 让他把清单中的内容按主次顺序排好（第 3 种准备手段：运用 "80/20" 规则抓重点）。

- 提出你自己的愿望清单，这是一种很好的回击方式。这里使用到了两种手段：第 56 种决策手段（提出愿望清单）和第 90 种防御手段（这不是和你争辩，而是做出反攻）。

- 如果他的愿望清单让你感到意外，你可以要求稍做休息，思考一下对策（第 27 种防御手段：拖延时间——消失一小段时间）。

第 60 种决策手段：使用花言巧语恭维对方，并利用自身魅力

从我们平时开玩笑时说的那些话里找找灵感。在做交易的时候，你也要满足对方的心理，尤其是在对方是一位大人物的情况下。如果他认为你是真诚的，就有可能为了满足他的自我意识，在谈判中做出让步。举个例子，"你是我认识的最棒的演说家，正好我的慈善基金募捐活动还缺一位优秀的发言人。但是现在我的预算有点紧，没有足够的钱可以支付给你。你能帮我这个忙吗？"如果对方这样说，你会答应吗？

4 种制胜反击攻略

- 对对方说："我当然知道自己是很棒的演说家，所以我才不会免费地施展自己的才华。"这里使用了两种手段：第 39 种决策手段（表现出自我主义——我是最棒的！）以及第 71 种决策手段（坚定不移——说"不"）。

- 和颜悦色地对大人物说："除了钱，我还能有什么别的好处吗？不要告诉我到时候我的发言会给在座的很多人留下深刻的印象，然后这些人就会发展成为我的客户。之前也有人是这么和我说的。"这里使用了第 62 种决策手段（适度夸张，注意不要过头）。

- 在世界上任何一个地方，女性几乎都是被追求者，而男性几乎都是主动追求者。面对男性的恭维，很多女性的回应更加激发了对方追求她们的念头。原因就是这些女性会提醒对方小心他们的竞争对手（第 4 种防御手段）。即使她们没有追求者，她们也会编出这样一个人来（第 55 种花招：公然撒谎，而不只是夸大其词）。

第61种决策手段：即使你没有掌握多少资料，也要让大人物相信你已掌握了很多资料

制造假象，确保你让大人物或另一位游击高手认为你掌握了很多资料，而且不只是有关他和他公司的资料。具体该怎么做呢？你可以这样做：

- 表现出自信满满的样子（第39种决策手段：以自我为中心——我是最棒的）。
- 穿着非常讲究（第42种决策手段）
- 运用你的身体语言操纵他（第16种防御手段）。
- 如果你的文凭过硬，比如说你是博士文凭，那么要让它派上用场（第91种决策手段：运用你的文凭震慑对方）。
- 提前想好如果他问到你那些你不知道的信息该怎么办（第2种准备手段：认真选择你的场地——准备，彩排，分配时间）。如果你的演技太差，他就会一眼看穿你的把戏。

3种制胜反击攻略

- 如果在他的公司你有人脉，让他们帮你找出他是真的掌握了资料还是在说谎（第76种防御手段：寻找盟友，并让他们帮助你）。
- 仔细观察他的身体语言，看他是否在说谎（第15种防御手段）。
- 如果你认为他在说谎，就让他摊牌（第51种决策手段）。

第66种决策手段：干劲十足，让大人物和其他游击高手时刻感受到压力

极度自信的人通常都会使用这一手段，而且这一招无论是对大人物还是游击高手来说都很有效。那么怎样才能在谈判中保持势不可当的劲

头呢？你可以按照下面 3 种方法去做：

- 从一开始就掌握主动权。
- 讨论问题时据理力争。
- 坚定不移地向你的目标迈进。

你可能会这样想，"要是这么做的话我可能会和对方起冲突。这一手段不用也罢。"然而我们认为冲突并不可怕，只要双方没有闹到剑拔弩张的地步，轻微的冲突是正常现象。你应该摆正心态，接受轻微冲突的存在。如果你不惜一切代价，连最轻微的冲突都唯恐避之不及的话，你会很快感到压力重重，战斗力也会被削弱，很难再从对方手里得到自己想要的东西。

因此，不要给自己施加过大的压力，特别是在你做交易的时候。过度的压力对人体健康会造成负面的影响。长期饱受压力的人将会出现 45 种不利后果——对你的身体造成 18 种影响，对你的思维和感受造成 17 种影响，对你的行为举止造成 10 种影响，从高血压到免疫力下降，不一而足。过大的压力会影响你和他人谈判时的表现，降低你的办事效率。唐纳德的《影响你的 365 种有力方式》中的第 2 章就谈到了这一问题。你也可以登录 www.GuerrillaDon.com，查阅应对冲突和压力的方法，这些都是从唐纳德的专题研讨会上总结出来的宝贵经验。

6 种制胜反击攻略

- 保持坚定的立场，不要让大人物的施压策略影响到你。这里用到了两种手段：第 71 种决策手段（坚定不移——说"不"）以及第 89 种防御手段（不要向不合理的要求低头）。
- 时刻关注他的立场，因为他的立场并不是一成不变的。如果你擅长做交易，谈判的结果就是对方会满足你的需求，达成你的目标。

这里用到了两种手段：第 32 种决策手段（知己知彼——信息就是力量）以及第 22 种防御手段（收集并核实得到的信息）。

- 你可以利用这一机会判断对方在充满紧张和压力的交易环境中的表现。他可能会变得不近人情，也可能变得温和友好。仔细观察他的身体语言（第 15 种防御手段），它会告诉你对方此时承受的压力是大是小。

- 你也可以仔细听他说话的声音，判断他所承受的压力（第 14 种合作手段）。他的嗓音变沙哑了吗？他突然开始结巴或是口齿不清了吗？如果是这样的话，就表明他已经感受到了压力。

- 千万不要让他认为你正倍感压力。你要表现得冷静一点，自信一点。这里用到了两种手段：第 31 种准备手段（只要你做得得当，人们就不会察觉出你动了什么手脚）以及第 41 种决策手段（暗示你的力量，而不是故意展现你的力量）。

- 无论你的对手是大人物还是游击高手，你都要提醒对方小心他们的竞争对手，让他们知道无论你走到哪里都能吃得开。这是一种非常有效的反击攻略（第 4 种防御手段）。

第 68 种决策手段：对对方说"行就行，不行就算了"并做好离开的准备——到此结束

坚决不要给你的对手留讨价还价的余地。如果他不接受你开出的条件，那就直接告诉他"不成交"，看看他作何反应。如果他也不肯退让，那你就直接打道回府吧。如果你还想说一句无关紧要的玩笑话来讽刺一下对方，可以在你起身离开的时候说一句"到此结束"。但是千万别冲他竖起你的中指，这是非常粗鲁的行为，毫无疑问会产生反效果。大多数交易者会对对方说"不成交"，这是他们在虚张声势（第 50 种决策手段）。这是一条捷径，能尽快将对方引导至你开出的条件上来。

交易者还会使用这一招让毫无希望的谈判陷入僵局，以便不紧不慢地结束这一场谈判。如果在这次谈判中你已经想尽了其他办法但都收效甚微，而且你也不想和对方建立长期合作关系的话，就使出这最后一招，及时抽身吧。

6 种制胜反击攻略

傲慢的大人物经常使用这一手段，而大多数游击高手则把它作为最后一招。无论是谁对你使用这一手段，都不要让对方认为他可以用这种老掉牙的手段让你就范。你可以这样做：

- 无视他说的话（第 11 种防御手段：不要做出任何回应）。
- 置之不理（第 100 种决策手段：不要理会对方——做到充耳不闻）。
- 使用"模糊数额"（第 6 种防御手段）。也就是说，用百分数代替具体的金额。因为在某种程度上，使用百分数表示金额会让人感觉这笔金额并没有那么大。
- 提醒对方小心他们的竞争对手（第 4 种防御手段）。
- 运用你的聪明才智打破僵局（第 4 种准备手段：向孩子们学习，让自己的思维转得更快）。
- 在合理的范围内提出新要求，态度要坚决（第 102 种决策手段：坚持不懈，灵活应对）。

第 72 种决策手段：千万不要接受对方的拒绝

当大人物或另一位游击高手对你说"不"的时候，就对你达成目标造成了一种威胁，所以你绝对不应该接受对方的拒绝。至于你该怎样回应对方，告诉他你无法接受他的拒绝，就需要花一点心思了。

如果你想回过头来威胁他，就要多加小心了。你最好能控制自己的情绪，不要赌气。时刻谨记，在双方谈判时，威胁对方这种招数只能用一次，滥用威胁手段的后果就是你将失去自己的信誉。

另外，还有一件事需要你考虑：大人物或另一位游击高手在对你说"不"的时候，也有可能是在通过一再拒绝你来考验你是否诚心做这笔生意。不要让他得逞。

4 种制胜反击攻略

当对方对你说"不"的时候，你可以这样做：

- 确定他知道你随时可以离开，这笔生意不做也罢（第 73 种决策手段）。
- 当你回应说无法接受对方的拒绝时，他还一直与你争论不休的话，那你就直接准备离开吧（第 68 种决策手段：对对方说"行就行，不行就算了"）。如果你又回头说"凡事好商量"，那么你将信誉全无。
- 只有当你在这笔生意中付出的精力比对方付出的少的时候，你才可以直接离开，因为这样会让对方更吃亏（第 9 种防御手段：付出精力最少的人将赢得最多）。
- 如果你想了想还是不愿放弃的话，你就要开动脑筋，为对方提出另一种选择，动摇对方的决定（第 4 种准备手段：向孩子们学习，让自己的思维转得更快）。

有的时候，你需要运用威胁的手段，比如，你可以使用下面的手段来威胁对方：

第 73 种决策手段：告诉对方你准备走了，这笔生意不做也罢

以下 4 种方式可以表明你的态度，其坚决程度依次递减：

- 告诉大人物："我们谈到现在还是没有任何进展。我觉得没有必要再继续谈下去了，如果你改变主意了就和我联系吧。"接着，如果你是在他的办公室里，那么就站起身朝门走去；如果他是在你的办公室里，就请他一路走好。如果他说"等一下"，并试图阻止你，你就应该知道是他更需要这笔生意——这意味着你在这次交易中占得了上风，好好利用这一点吧。

- 告诉他："真是太遗憾了，看来之前我们一直都在浪费时间，是时候结束了。"

- 对他说："你还是换个人和我谈吧，不然我就要走了。"

- 你也可能会想到换个人与你谈判。你可以这样说："我们的谈判已经陷入僵局，我们看来是谈不拢了，或许换个人会有所帮助。我会让公司再派个人过来和你谈。"

4 种制胜反击攻略和两个禁忌

第一个禁忌：千万不要说"等一下"，然后试图阻止他们离开。这样一来，你就丧失了所有主动权。

第二个禁忌：不要听到对方说不谈了就立马发怒，这只会火上浇油。换句话说，不要使用第 101 种决策手段（假装发脾气）以及第 51 种花招（吓得对方魂飞魄散）。

控制好情绪，你应该做的是向对方问清楚，"请告诉我为什么要说这样的话威胁我，我就是想不明白啊。"第 11 种决策手段（装傻充愣）用在此处真是再合适不过了。

如不想这么做的话，可以试试以下 4 种方法：

- 得到对方公司内部人的支持。他们可能会劝说他理智对待这个问题（第 76 种防御手段：寻找盟友，并让他们帮助你）。

- 无视他的威胁，控制自己的情绪。事实上，你不必做任何回应，

发生了的就让它发生吧（第 11 种防御手段：不要做出任何回应，无论是积极的还是消极的）。

- 另一方面，收集并核实得到的信息（第 22 种防御手段）。搞清楚他中止谈判是不是只是为了让你在老板面前难堪。如果他真的是这么想的，而且你的老板已经对你有所不满了，那你就是时候好好努力一把，来修复你和对方的关系了（第 22 种防御手段）。

- 同意对方的要求，派另一个人来和他们谈。原来谈判双方的观念和模式都存在着不可调和的巨大差异，如果在这时加入新鲜面孔，怎么说也是件好事。告诉对方："嗯，既然你已经换人谈判了，我也会的。"这里用到了两种手段：第 73 种决策手段（告诉对方这笔生意你不做也罢）以及第 6 种顺从手段（不要争辩）。

第 78 种决策手段：用传统风俗和惯例震慑对方

有意缩小你的谈判空间。你可以简单地说一句"我们公司都是这样办事的"，当大人物或其他的游击高手对你做出过多要求时，你就可以以此为借口婉拒。有些人会识趣地收回要求，而有的人则不会。你可以按照下面几点来判断对方是不是吃这套的人：

- 即使是在假日，他也总是穿西装打领带，尽管他本人并不喜欢这样的装扮。

- 性格被动、外表柔弱的女性谈判者通常都会吃这一套。

如果你和你的谈判对手是第一次打交道，发生下面的情况就说明他很有可能会在谈判中对你使用这一策略：

- 他告诉你："今天是我们公司成立的周年纪念日，真没想到会在这个时候谈工作，往年我们都会放假的。"

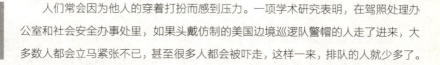

人们常会因为他人的穿着打扮而感到压力。一项学术研究表明，在驾照处理办公室和社会安全办事处里，如果头戴仿制的美国边境巡逻队警帽的人走了进来，大多数人都会立马紧张不已，甚至很多人都会被吓走，这样一来，排队的人就少多了。

3 种制胜反击攻略

注意：游击高手喜欢跳脱固有的思维模式，他们不按常理出牌，因此他们很可能会直接无视你使出的招数（第 11 种防御手段：不要做出任何回应）。但是你绝对不要无视这一足以震慑他人的手段！

当大人物使用这一手段时，记住这一点——他自己很有可能就是吃这一套的人，所以他认为其他人，包括你在内，都和他一样。如果你对他在乎的这些事情感到不以为然，他就会对你产生不信任的感觉。因此，你要小心选择反击攻略，可以试着这样做：

- 模仿他的身体语言和衣着方式（第 16 种防御手段：用你的身体语言操纵对方）。

- 在他的公司内部发展人脉，让他们帮你查证他是不是在说谎。这里用到了 3 种手段：第 76 种防御手段（寻找盟友，并让他们帮助你），第 22 种防御手段（收集并核实得到的信息——明辨真假，揭穿谎言），以及第 32 种决策手段（信息就是力量）。

- 如果他说的不是实情，你可以做出两种选择：要么和他对峙（第 52 种决策手段），要么做出让步接受他的条件（第 16 种顺从手段：接受失败）。根据我们以往的经验，对峙往往会比顺从带来更好的结果，但是到时候你可以根据具体情况具体分析，看看哪一种手段更适合。

第 80 种决策手段：通过让对方感到内疚来震慑他

当大人物或其他游击高手做了对你不利的事还茫然不知，你就可以抓住这次机会让他们内疚，特别是在你曾经帮过他们的情况下。但是在你说出那些谴责对方的话之前，给他们一个机会，让他们意识到自己做错了事，并向你道歉。毕竟，这也有可能只是他们的无心之失。因此，如果你和他们的关系不错，也想继续保持这种关系的话，那就给他们一个机会让他们反省一下。如果反省完了他们还是不知悔改，那你就使出你的杀手锏吧。用下面的话向他们施加压力，让他们产生深深的负罪感：

- 你真是让我大吃一惊啊。
- 你真无耻。
- 我这么多年是怎么对待你的，你怎么能这样对我呢？
- 在唐纳德少年时期，他的母亲就经常对他说这样的话："我辛辛苦苦怀了你 9 个月，头晕恶心还胃反酸水，之后又在产房里待了 30 个小时才把你生下来，你怎么这么不听话呢？"唐纳德很无奈，最后只能这样回答他母亲："对不起，妈妈，我答应您，您以后再也不会因为我而受这样的罪了。"

但是，你要注意，这些话一旦说出口，你们双方的谈判可能也该结束了。好好考虑一下，这真的是你希望看到的结果吗？

3 种制胜反击攻略

对方通过暗示，告诉你你做的事情没有一件是为他好的，以此让你产生内疚的心理——这是典型的大人物式的集中攻势。事实上，大人物只不过是一个控制狂。他想要你产生负罪感——这不仅会让他心情舒畅，还会让他在谈判中占得上风。如果你正在和这样的人打交道，你可以这样做：

- 直接起身离开（第68种决策手段：到此结束），不必觉得内疚。
- 如果你是天生受虐狂（第15种顺从手段：自我摧毁——看见我，抓住我，阻止我，拯救我），如果你想继续争取的话，就要提醒对方要小心他们的竞争对手（第4种防御手段）。
- 最后，认真选择你的交易目标（第2种准备手段）。不要在这些自以为是的人身上浪费时间，他们让你感到内疚的原因只是为了让他们的自我感觉更加良好。事实上，他们只是想满足其自我意识，他们对和你做生意没有太大的兴趣。

第88种决策手段：用奖惩策略震慑对方

你应该在小的时候就见识过这一手段了。你还记得你父母的话吧："如果你不打扫你的房间，就一个礼拜不准看电视。"在你开始工作后，老板又不讲理地给你设定了过高的工作任务，并告诉你："如果你没有完成指定的工作量，就直接走人吧。"而我们的身边还有这样一群崇尚权力的大人物，他们可以对你做出让步，在他们看来，这和给一条脏兮兮的小狗丢一根骨头没有差别。

你曾经多次运用这一手段，但是你确定自己用对方法了吗？你在使用这一招时一定要小心。如果你的做法触怒了大人物或另一位游击高手，那么你就要提高警惕了！否则，你的谈判进程将陷入一个难以反转的恶性循环。因此，不要做得那么明显，最好要让对方难以察觉（第53种防御手段：创造性地使用含混言语）。

3 种制胜反击攻略

如果对方使用这一套奖惩策略作为威胁，你可以这样做：

- 要对方摊牌（第 51 种决策手段）。具体怎么做？你要告诉对方你不喜欢这种方式，尤其是在你感觉自己受到了不公正待遇的情况下。

- 工会是这样做的。尽管管理人员威胁要开除他们，他们还是照常举行罢工。而企业则与别的企业联合对工人进行打压报复，管理人员同时进行闭厂。（第 75 条防御手段：联合行动——闭厂、罢工和联合抵制）

- 如果你想得到的都差不多已经到手了，你也可以拿好你能得到的东西，考虑做出某些让步（第 16 种顺从手段）。

第 97 种决策手段：将对手置于被动地位——谴责他，否决他，等等

人们在使用这一手段时，开场通常都会向对方发难。那么，你会使用这一招吗？事实上，只有当你认为你的对手不堪一击，会很快认输的时候，你才可以使出这一招。

但是你要注意这一手段只能在短时间内使用，期间最好穿插使用其他的手段。如果你频频使用这一招，那就意味着你在羞辱他。如果这就是你的目的，那为什么当初又要选择和他做生意呢？你这样做只能满足自我意识中的黑暗面，对于做交易一点好处都没有。

正因为有很多渴望权力的自大狂和很多不堪一击的弱势群体，这样的戏才会一遍又一遍地上演。一方是在角落里布好陷阱，坐等猎物上钩的蜘蛛，一方是漫无目的，四处飞来飞去的苍蝇，你认为自己属于哪一方？

5 种制胜反击攻略

如果你很抵触大人物或另一位游击高手对你说的话，你可以这样做：

- 不用正面回应，故意大发雷霆，给对方点颜色看看（第 51 种花招，吓得对方魂飞魄散）。

- 堂堂正正地对对方说："攻击他人是小人行径，谴责无辜的人也不是君子所为。"这里用到了第 52 种决策手段（双方对峙——问对方："为什么在我面前耍花招？你就不能消停一会吗？"）。

- 不管你对他说什么，这场交易肯定是进行不下去了。所以为了减少损失，不必在他身上浪费时间（第 13 种准备手段：投入的增加——花冤枉钱是愚不可及的），直接起身离开吧（第 68 种决策手段：到此结束）。记住，生命只有短短数十载，不要在这种只会和你唱反调的人身上浪费时间。

- 另一方面，如果这次生意对你来说很重要，你就要重新简洁明了地强调一下你的立场（第 11 种合作手段：表达清楚你的态度，不给对方曲解你的机会）。不要再三解释或为自己辩解，不然就正中他下怀了。不要将自己卷入一场争吵中，也不要和对方强辩到底。

- 快速离开他的办公室（第 68 种决策手段：到此结束）。不要在你起身离开前的最后一刻还不忘反驳对方几句，记住，快走为妙。

第 103 种决策手段：蚕食对方——耗尽对方的力量，赢过他

你应该一点一点地从你对手那里得到自己想要的东西。将战线拉长，在不知不觉中蚕食对方的力量。最终，你会圆满完成你的目标。不要把你的愿望清单（第 56 种决策手段）一次性和盘托出，这样可能会吓到对方，并影响你实现目标的大计。你可以用以下 3 种手段震住对方：第 57 种决策手段（在你的地盘谈判），第 58 种决策手段（团购行

动 / 群体伏击 / 快闪暴走），以及第 59 种决策手段（你的团队规模比他的大）。

但是现在我们讨论的并不是怎样震住对方，而是怎样赢过对方。其实当我们还是小孩子的时候，就已经学会用这一招了。那时的我们会灵活应对，坚持不懈（第 102 种决策手段），虽然淘气但很有创造力（第 4 种准备手段：向孩子们学习，让自己的思维转得更快）。我们曾经试探过自己的父母，想知道他们定下的规矩是否不能更改，抑或是可以更改，我们尝试着达到这些规则的极限。现在我们长大了，又用同样的法子试探我们的老板们——如果我们认为自己能够全身而退的话。

创造性互惠原则：摆脱内疚感

蚕食计划之所以能够成功，原因就在于它和另一威力强大且被人们频繁使用的手段，即互惠原则（第 4 种合作手段）紧密相关。你可以这样想：你故意提出一个非常不切实际的要求，这样对方就会当面拒绝你。接着，你就可以展开蚕食计划，再提出一个更加合理的计划，这也是你最初的要求。在拒绝你提出第一个荒唐的要求之后，对方就很有可能接受你的第二个要求。也就是说，拒绝了你的第一个要求让大人物产生了负债感或内疚感，只有当他同意了你的第二个要求时，这种负债感 / 内疚感才会消失。这样一来，他感到轻松了，你也实现了你原本的要求。这就叫创造性的互惠原则！（我们将在第 14 章谈到如何在进退两难时巧妙互惠）。

6 种制胜反击攻略

当大人物或另一位游击高手展开他的蚕食计划时，你可以一直拒绝对方的条件，否则就只能做出让步。如果你要对对方说"不"，那就用具体的数字来证明。你可以使用第 32 种防御手段，告诉对方这已经是你的上限了，你拿不出多余的钱了。

如果你打算让步，可以这样做：

● 每一次做出让步时，记下你拿出来多少钱。这样你就可以知道什么时候这笔钱的总数会达到你的上限。如果对方还想让你进一步做出让步的话，就把这个数字给他看（第19种准备手段：**如何做出让步——20件该做的事和20件不该做的事**）。

- 清楚地知道自己在做什么。认真记录你做出了哪些让步，他又做出了哪些让步。记录你自己在什么情况下会解除防备。他是怎样让你做出让步的？你意识到自己接受了他的某项要求吗？你的让步真的那么微不足道吗？或者说，你做出的让步是不是比你所想的要大得多？这也是第19种准备手段。

- 讲求合理的逻辑。让对方知道你已经接二连三地做出让步了，谈判已然不是双赢的局面。告诉对方，现在已经是你赢我输的局面了（第33种决策手段：**讲求逻辑——并让对方知道你是讲求逻辑的**）。

- 当大人物要求你做出一个非常大的让步时，你的演技一定要过关，你要做出大吃一惊的样子。本章前面的部分也讲到了这个问题，当店老板开出高价时，唐纳德就会一边大叫"哎呀！太贵了！"，一边做出大惊失色状，用手捂住自己的脸颊。这种方法很奏效——可能是因为这种情绪的表达太过直白和激烈，事实上，还有些滑稽（第15种决策手段：**表现出大惊失色的样子**）。

- 之后，你要提出平等交换的要求——做出让步后向对方索要回报。记住，承诺不等于让步，承诺说起来容易做起来难。这里用到了两种手段：第88种防御手段（提出平等交换的要求，但不会接受对方的承诺），以及第13种合作手段（做出诱人的承诺而不是做出让步）。第17章将为你讲述更多有关让步的内容。

- 最重要的是，态度要强硬。每次让步的时候都要用更加强硬的态度和对方讨价还价（第12种顺从手段：**不轻易让步**）。

第 104 种决策手段：嘿，我们还是用数据说话吧

用事实和数据向对方证明你说的是对的。保证这些事实和数据能够说明问题，对方知道这些信息会给他们带来好处。但是你要记住，他总会认为你给他看的那一部分是对你有利的，事实和数据并不能完全说服他，因此你不能过于依赖这些信息。记住，数字本身并不能参与谈判，真正参与谈判的是人。所以，你还要好好下一番功夫才能实现你的目标。

6 种制胜反击攻略

- 仔细核查这些数据，剔除不可信的成分（第 22 种防御手段：收集信息并加以核实）。特别要小心对方使用模糊数额（第 6 种防御手段）。
- 请一位专家为你过目这些数据，特别是在这一谈判涉及技术性很强的数据的情况下，这里是很容易出错的地方（第 37 种决策手段：让专家或代理人协助你谈判）。
- 观察他的身体语言（第 15 种防御手段）。看看对方在拿这些事实给你看的时候，他本人到底是确定它们是可信的，还是在对你说谎。
- 不要轻易相信他，让他用"雄辩"说服你相信这些"事实"（第 7 种准备手段：不要轻易被人说服）。
- 告诉他"你应该更大方一点"（第 87 种防御手段），如果他不开出更好的条件就威胁他这笔生意不做了（第 73 种决策手段）。
- 即使他说得眉飞色舞，滔滔不绝，你也要沉默着坐在一旁，不予回应。这里用到了两种手段：第 10 种防御手段（保持沉默，一言不发），以及第 11 种防御手段（不要做出任何回应）。

第 118 种决策手段：把"我"的问题变成"我们"的问题，最后变成"你"的问题

你可以一眼识穿这种把戏：你的一位雇员对你说："老板，我们遇到问题了。"你要小心了！一般来说，他这样说的意思就是这不关他的事，他只是想把责任推给你。顾客和供应商也会对你用这一招，特别是在他们和你以及你的公司有长期合作关系时，又或者他们遇到了非常棘手的问题的情况下。

3 种制胜反击攻略

千万不要把你的生意伙伴面临的问题揽到自己的身上——除非这样做会给你带来丰厚的回报。但是如果对方是你非常关心和重视的人，你就应该义无反顾地给予帮助。如果你不想为他人承担问题，可以试试以下 3 种反击攻略：

- 告诉他："我的权力有限，帮不了你。"这里用到了两种手段：第30种防御手段（借口推脱），以及第 5 种花招（"不过我还得先问一下领导"）。
- 如果你决定帮他的忙，就一定要得到回报（第 88 种防御手段：提出平等交换的要求，但不会接受对方的承诺）。
- 不要对他说"让我考虑考虑"，这是弱者所为。这会提升他们的期望值，而任何能够提高对方期望值的做法都属于让步。如果没有回报，就绝不要做出让步。你应该这样回应："如果我决定考虑这个问题，你能给我什么样的回报？"这里用到了第 19 种准备手段：如何做出让步——20 件该做的事和 20 件不该做的事。

第12章
威力强大且被人们一再使用的12种防御手段

本章内容：弱小亦有强大之处；提醒大人物他的竞争对手；使用"模糊数额"；降低对方的期望值；假装准备不周；找借口对对方避而不见；拿"没钱"做借口；不要向对方透露重要信息；坦诚相待；不停地唠叨；你应该更大方一点；平等交换。

第1种防御手段：弱小亦有强大之处

你会不会经常有无力感？如果是，你在本质上就不是一个真正的游击高手。尽管在大多数人的眼里，游击高手是弱小的，无法和大人物相提并论，但事实上，这是人们的误判。游击高手的力量往往会超乎你的想象，不过你也可以利用人们的这一误判，在你的对手面前营造假象。如果在谈判中，你无法使大人物改变心意，不要感到沮丧，你的身上还有11处隐匿的力量来源，只要你懂得开发，你的战斗力将直线上升。知道这些力量的所在会让你感到更自信，而自信的人往往会赢得更多。

你比自己想的要强大——11个隐匿的力量来源

- 确保大人物知道，离开了他，离开了他的产品或服务，你照样能做得有模有样。记住，付出精力最少的人将赢得最多。这里用到了两种防御手段：第

4 种防御手段（*提醒对方小心他们的竞争对手*），以及第 9 种防御手段（*付出精力最少的人将赢得最多*）。

- 你所知道的让步技巧（第 19 种准备手段：*如何做出让步——20 件该做的事和 20 件不该做的事*）。

- 你的谈判技巧。记住，当你掌握了本书中的 365 种谈判手段的使用方法后，你的谈判技巧将更上一层楼。

- 良好的情报收集能力。它能让你在谈判中准确掌握大人物的相关信息，并把握全局。*毫无疑问，信息就是力量*（第 32 种决策手段）。

- 不要忘了认识自我的能力也是你的一大力量来源——直面最真实的自己，*努力摆脱自身的盲点，你将变得更加强大*（第 9 种准备手段）。

- 不要轻信他人，核实大人物对你说的每一句话（第 7 种准备手段：*不要轻易被人说服*）。

- *合理利用最后期限*，包括你的最后期限和他的最后期限（第 28 种决策手段）。

- 能够容忍对方模棱两可的态度。享受这场充满未知的游戏吧（第 5 种准备手段：*必须要了解对方的需求*）。

- 做好准备（第 2 种准备手段：*认真选择你的场地——准备，彩排，分配时间*）。

- 耗得起时间，赢过大人物——*耐心的力量*（第 1 种合作手段）。

- 成为行业中颇有名望的专家，会大大增加你的优势。如果你是专家，就要抓住这一优势（第 94 种决策手段：*运用你的专业知识或带上一位专家震慑对方*）。

现在，我们还有着第 12 种力量来源，那就是化弱势为优势这一手段。这是大多数人最强大的力量来源之一。没错，虽然听上去有些自相矛盾，处在弱势地位的你实际上有很大很大的优势。如果你本身就很弱，或者你本身不弱，但是要让大人物认为你很弱——告诉大人物，如果欺人太甚的话，他会有什么样的损失。下面有两个例子：

- 如果你不帮我，我就会破产，你就从我这儿拿不到一点儿了。我破产了你也没有任何好处。

- 修变速器的钱，我是付不起了，把它放回车里吧，等我找个人把

游击谈判

车拖到废车场卖了再说吧。

很多人还会另想办法，唐纳德称之为"假装无能"。举个例子：你的老板假装不知道怎样使用影印机，他这样做得到了你的关注，也体现出他比你更有权力。

4 种制胜反击攻略

- 表现出怀疑的情绪——就好像你已经见过了很多类似的事情（第 7 种准备手段：不要轻易被人说服）。然后要对方摊牌（第 51 种决策手段）。
- 不要让大人物或另一位游击高手认为他的戏码对你产生了什么影响，无论是好的影响还是坏的影响。你只要安静地坐在一旁就可以了（第 11 种防御手段：不要做出任何回应），也不要发表任何意见（第 10 种防御手段：保持沉默，一言不发）。
- 如果你想知道他是否在说谎，就可以仔细观察他的身体语言（第 15 种防御手段），然后再试图从其他来源查找信息加以核实（第 22 种防御手段：收集并核实得到的信息——明辨真假，揭穿谎言）。
- 把拒绝的原因怪到公司的头上。告诉对方"对不起，但是我们公司的政策不允许我这样做"，这里用到了第 31 种防御手段（多打打官腔）。或者也可以怪到你老板的头上，对对方说"我的老板不允许"，也就是第 5 种花招（"不过我还得先问一下领导"）。

失败的强权行为

有一个讲强权没有得逞的虚构故事。我们都知道，牢房里的犯人无疑是无力感最强烈的人。但是当人们已经没有什么东西可以失去的时候，他们就会不择手段地去做任何事。2003 年，俄克拉荷马州的 4 名囚犯给他们的名字申请了版权，然后控制监狱长未经允许盗用了他们的名字。他们向对方索要几百万美元的赔偿，并要求扣押其财产。他们雇人扣留了他的车，冻结他的银行户头，还给他家的大门换了锁芯。这 4 个囚犯要挟监狱长，如果他不释放他们，就不把财产还给他。我们都

168

想知道这位监狱长会怎么惩罚这几个人。

唐纳德曾经是他家乡的《梅斯基特当地新闻报》的专栏作者。该报有一个叫"直击残酷面"的专栏，就讲到了在拉斯维加斯的克拉克郡拘留中心发生的警官蓄意虐待犯人的事件。刑满释放的犯人声称这些警察对他们使用最频繁的 10 种策略就是第 38 种、第 85 种、第 86 种、第 100 种、第 112 种决策手段，第 42 种防御手段，以及第 2 种、第 21 种、第 30 种、第 50 种花招。他们还把从意大利政治家马基雅维利的《君主论》中学到的 6 种策略用在这些犯人身上。

第 4 种防御手段：提醒对方小心他们的竞争对手——无论是真实的还是假设的

将与你谈判的大人物或其他游击高手置于被动地位。无论这是不是实情，你都告诉对方，他们的竞争对手开出的条件比他们开出的更好。这一手段还有一个威力较弱的版本，你可以告诉对方你还要和他们的竞争者再次商量后才能作出决定。很多时候，人们是因为无意与对方合作，急于抽身才这样说的——比起直接说"不"，这一说法更加委婉。

当对方开始强硬起来，不肯让步，或是谈判似乎要陷入僵局的时候，就是你使用这一手段的最佳时机。

5 种制胜反击攻略

当对方在你身上使用这一手段时，你可以这样做：

- 记住，这只是一种较温和的威胁方式。不要让你的自我意识控制你的大脑，不要生气也不要反应过度（第 10 种准备手段：调节你的自我意识）。

- 不要说你竞争对手的坏话（避免使用第 29 种花招：孤立对方——使用小道消息散布有关他的谣言）。你应该做的是告诉对方你是一个多么难得的合作伙伴（第 39 种决策手段：表现出自我主义——我是最棒的）。

- 直接告诉他们你的资金不够，达不到他们的要求（第 32 种防御手段：我没有多余的钱了）。
- 不要只是嘴上说说，要证明给他们看！把相关数据拿出来给他们看（第 104 种决策手段：嘿，我们还是用数据说话吧）。
- 如果其他办法都没有什么成效，他们这笔生意对你来说也不是多么重要，那就坚持你的目标，不要妥协（第 18 种准备手段：保持气节——决不能丢掉它）。直接放弃这笔生意，起身离开（第 68 种决策手段：到此结束）。

第 6 种防御手段：使用模糊数额，而不是实际数额

下面哪一种是实在的钱，那一种是模糊数额？

- 百分比还是纯数字？
- 单位劳动成本还是总成本？

单位劳动成本和百分比是模糊数额，纯数字和总成本是实在的钱。那么，为什么这种差异那么重要？让我们一起找出答案。先看下面的 3 个例子：

例一：卖方说："我以 1 英镑 25 分的价格卖给你。"大人物买方就说："我给你 1 英镑 24 分。就差 1 分钱，多大点儿事儿啊？"但是作为游击高手的卖方会这样算这笔账，"这笔生意涉及 100 万英镑，这就是说，如果按他的要求来，我的边际利润就会从 20 万英镑降至 15 万英镑，我会亏损 5 万英镑。我还是应该告诉他，25 分就是我的最低报价。"

例二：这一招在人们挥金如土的拉斯维加斯很适用。赌场规定人们用 100 元的筹码（模糊数额）代替 100 元的纸币（实际数额）作为赌注，因为这样他们用起来会更加畅快。

例三：这一招在你买车的时候非常有效。经销商在让顾客买车时总

向顾客强调每月的付款额，却不提包括利息在内的总金额。只有在你签好字决定买的时候，或者在你想要知道这些信息的时候，他们才会一五一十地告诉你。

当对方关注的是模糊数额而不是实际数额时，你就可以用那些充满诱惑力的模糊数额吸引他的注意，比如赌场里 100 元的筹码。

5 种制胜反击攻略

当大人物或另一位游击高手使用模糊数额时，你可以这样做：

- 仔细核查他在预案中提出的具体数字（第 22 种防御手段：收集并核实得到的信息）。

- 请一位专家为你过目这些数据，特别是在这一谈判涉及技术性很强的数据的情况下（第 94 种决策手段：带上一位专家震慑对方）。

- 温故一下你在小学和中学学到的数学基础知识，比如平均数、中位数、众数等，这会对你有所帮助（第 2 种准备手段：认真选择你的场地——准备，彩排，分配时间）。

- 大胆地要求对方多给自己一些时间研究他们的预案，不要不好意思开口（第 27 种防御手段：拖延时间——消失一小段时间）。

- 当你将他的模糊数额换算为实际数额时，发现自己会损失一大笔钱，那就把这一结果直接告诉他，声明自己不会做出让步（第 59 种防御手段）。

第 14 种防御手段：降低对方的期望值

每一次你做出让步时，大人物都会兴奋难耐。他们渴望你能进一步做出让步。你可以通过以下 6 种方法降低对方的期望值：

- 放慢谈判的进程，即使你非常想和对方达成协议。

- 不要轻易同意对方的要求，做出让步。

- 不要太快放弃太多要求，慢慢来。

- 如果他提出的要求太过分，你也可以向他提出要求作为回报，不必和他客气。

- 不要一次性做出巨大的让步，你可以一步一步慢慢来。也就是说，你可以先做小让步，再做大让步，使用第 103 种决策手段：蚕食对方。很多研究都说明了一点：在金钱上做出最大让步的一方，通常都是输掉谈判的一方。

- 不要对他说"让我考虑考虑"，这就相当于你做出了让步，这样的话无一例外会提升对方的期望值。你应该说："如果我决定考虑这个问题，你能给我什么样的回报？"千万**不要轻易让步**（第 12 种顺从手段）。

6 种制胜反击攻略

当大人物从你手中收回了他原本已经给你的东西，你可能会认为这次谈判的形势已经不容乐观了。不过，对方就是想要你这样想，这时你该如何应对呢？

- 要对方摊牌，问他为什么要这样做（第 51 种决策手段）。

- 告诉他，收回已经做出的让步就是在耍花招。这里用到了第 52 种决策手段：双方对峙——问对方："为什么在我面前耍花招？你就不能消停一会儿吗？"

- 如果他还是一味忽视你的要求，那么你最后可能意识到，他不只是想要降低你的期望值。实际上，他已经无视游戏规则，想要采取强硬的手段让你就范。一般来说，这时你就不用和他多费唇舌了，直接终止谈判，对他说一声"到此结束"（第 68 种决策手段）。

- 另一方面，如果以下 3 种情况成立，那么对你来说，可能是时候做出让步了。
    - 如果大人物表现的是他的真实意图，并不是在虚张声势。
    - 如果你的期望值已经没有你一开始和他谈判时那么高了。
    - 如果你真的想要达成这笔交易。
- 要确保你做出的让步对你没有太大影响，但是对他来说意义重大（第 1 种顺从手段：估算你和对方做出的每一次让步的美元价值）。
- 最后，确保你的付出能有回报。对方应该给予你实际的回报，而不只是在嘴上做出承诺（第 88 种防御手段：提出平等交换的要求，但不会接受对方的承诺）。

第 29 种防御手段："准备不足"的力量——故意丢三落四，假装考虑不周

这次，让我们一起来看看大人物会怎样对你使用这一手段：

诚然，做好准备来到谈判会场的你力量不容小视。但是，有些人却可以不用准备就比对方更占优势，特别是在他们为这笔生意付出的精力比对方付出的要少的情况下。他们会经常使用"准备不足"这一借口，但是用多了自然很容易让对方发现破绽，认定他们在说谎。比如，他们会在合适的时机故意忘带一些重要的东西，如的支票簿、信用卡或法律文书等等。接下来也可能会涉及更敏感的重要问题，他们会说："是啊，上次房地产的价格我们谈的是 200 万美元，但是我的搭档提醒我了，另外还有一个 2 万美元的贷款需要还，真是不好意思啊。"

这时，你该怎么办？

5 种制胜反击攻略
- 保持怀疑的态度（第 7 种准备手段：不要轻易被人说服）。

- 如果你的怀疑是对的，你可以故作愤怒（第 51 种花招：吓得他魂飞魄散——让他怕你）。
- 不必感到不好意思，你可以直呼他是个骗子（第 51 种决策手段：双方对峙——要对方摊牌）。
- 不要和他再继续谈下去了，直接起身离开（第 68 种决策手段：到此结束）。
- 你不必费心思在下一次谈判中也玩这种"没有准备好"的招数作为报复（第 6 种花招），这么做没什么意义。

第 30 种防御手段：找借口与对方避而不见

第 29 种防御手段和第 30 种防御手段通常都是同时出现的。如果大人物经常忘记带一些重要的东西，他也可能会对你使用"避而不见"这一招。他通常会这样做：

- 每次你打电话给他或亲自登门时，他要么很忙，要么就是不在。
- 对你的电话和电子邮件，他一概不回复。
- 他的秘书告诉你他生病了。

你很容易就能看出他的路数，尤其是在他将"避而不见"和"准备不足"两招结合在一起用的情况下。

3 种制胜反击攻略

这样的行为是不是让你倒尽胃口？你还能容忍多久呢？我们建议你这样做：

- 故作愤怒（第 51 种花招：吓得他魂飞魄散——让他怕你）。

- 不必感到不好意思，你可以直呼他是个骗子（第51种决策手段：双方对峙——要对方摊牌）。

- 不要和那些一再使用假借口的人谈生意，比如总是拿诸如"今天我的身体不适，不能和你多谈了"之类的借口来搪塞你。遇到这种情况，你就直接离开吧，以后也不要和他们有任何生意往来（第68种决策手段：到此结束）。

第32种防御手段：我负担不起——我的钱不够

这种手段虽然不易察觉，但是确实很有效果！它的内容简单明了。如果你想终止谈判，只要立场坚定地对对方说："我拿不出更多钱了，没有办法和你合作了。"其实你这样说的真正目的是要对方把开价压低到你能接受的范围。即使你说的不是实情，其实你有足够的钱，对方也可能会相信你的话，因为在他看来，你就这样毫不迟疑地暂停了双方的谈判活动，或许自己的价格真的是开得太高了。

3种制胜反击攻略

- 在谈判之初，如果可以的话请弄清楚大人物此次谈判的预算。这里用到了两种手段：第32种决策手段（知己知彼——信息就是力量），以及第22种防御手段（收集并核实得到的信息）。如果你提前知道你的开价远远超过了他的预算，就不必再浪费时间和精力一遍遍地重新谈价格。

- 如果他的预算很紧，搞清楚这是一时的情况还是永久的情况。如果只是一时的情况，你可以过一段时间，比如说到下一个财政年度开始时再和他谈。这里也用到了第32种决策手段和第22种防御手段。

- 制作投资回收期表格，让对方相信你的提案是有价值的，能给他带来良好的收益。确保他能通过表格很快看出自己的回报比付出

的成本高得多（第 33 种决策手段：讲求逻辑——并让对方知道你是讲求逻辑的）。你可以让会计帮你准备投资回收期表格。

第 42 种防御手段：不要向对方透露非常重要的信息

每个人都有不想让他人知道的事情——是永远不想让他人知道的事！比如说，有多少人会把自己设置的一些重要密码告诉自己最亲近的人，也就是你的配偶？可能不多吧，不过这也是显而易见的事。但是对你来说，出于 3 个重要的原因，你必须要做好信息保密的工作：

- 如果对方得知这一信息，你的利益就会受到损害。
- 如果他知道了有关你的情况，而你却无法得知他的情况，你对此感到十分不安。几乎每一个我们认识的人都存在这样的心理障碍。
- 当你想知道自己在对方眼中到底是强劲的对手还是不堪一击的对手时：
    - 你是一个强劲的对手：如果他花了很多时间想打探你的消息，那么这一手段对你来说很适用。
    - 你是一个不堪一击的对手：如果他似乎不怎么在意你的信息，你就很有可能从他那里得不到多少你想要的东西。

3 种制胜反击攻略

首先，你要明白一点，大人物绝对不会将所有你想知道的信息都一五一十地告诉你。但如果你认为他故意不让你知道一些重要的信息，你可以这样做：

- 不停地发掘，不停地探究。如果你能够在挖掘信息的过程中做到坚持不懈又不会太引人注目，那么你最终会得到你想知道的信息（第 21 种防御手段：像神探可伦坡一样低调行事）。

- 当他对你说，他已经把自己知道的信息全都告诉你了，这时你应该持怀疑的态度（第7种准备手段：**不要轻易被人说服**）。

- 在他的公司内部发展人脉。他们可能会告诉你你想得到的信息（第76种防御手段：**寻找盟友，并让他们帮助你**）。

第49种防御手段：坦诚相待——但是要确保自己不会受到伤害

似乎没有人愿意做第一个完全摊牌的人，因此第8种合作手段（绝对的诚实——告诉对方你的底线）很少被人们用到。不管是你还是大人物，也都不会想到对方会使用这一招。另外，过于诚实会暴露出你的很多问题，让你在对方面前失去优势。因此，当大人物在和你说话时加上了"老实说"或"说实话"等字眼，他很有可能是在遮掩自己不够诚实的事实。每当我们听到这些字眼时就会感到怀疑。我们认为你不应该在说话时加上这些字眼，当大人物这样说时，你就要尤其小心了。

使用这一手段的主要问题就在于对方的期望值会被提高——他会指望你一步步透露更多的信息，并很快会在你身上产生斜坡效应。但是话说回来，只要你运用得当，这一手段就会发挥出强大的威力。你要注意以下4条指导原则：

- 当你将你的提议从正反两面加以权衡并展现给大人物看时，这一细节就会让他知道你是一个诚实可信的人。这意味着你在向对方透露你的真正实力，会更有说服力。

- 只向对方坦露你的小弱点。如果你把自己的致命弱点也告诉了对方，你只会毁了你自己。换句话说，只向对方坦露一点你的小毛病，会让对方认为你没有什么大毛病。

- 不要只告诉对方你的弱点，在你讲完你的弱点后紧接着要告诉他你的长处。注意，这一长处最好和你刚刚提到的弱点有关，并能

"中和"掉这一弱点。

- 最后，用你的身体语言（第 16 种防御手段）和相关凭证（第 77 种防御手段：寻找享有声望的盟友，并让他们帮助你），让对方相信你是真诚的。

4 种制胜反击攻略

- 不要只是坐等大人物将信息传达给你——你还要利用这些信息获取利益！但是在你做出回应之前，要抱着怀疑的态度，核实这些信息的准确性（第 7 种准备手段：不要轻易被人说服）。

- 如果他希望你也能够摊牌，你就摊一部分给他看。如果他对你是百分之百的诚实，那么你也可以再多摊一部分给他看（第 4 种合作手段：互惠原则）。

- 但是不要把所有的秘密都透露给对方（第 12 种顺从手段：不要轻易让步——每次让步的时候都要更加强硬地与对方讨价还价）。

- 深入发掘一些信息，看看对方做生意的口碑怎么样（第 22 种防御手段：收集并核实得到的信息）。如果大多数人都认为他做生意很公道，你就可以与他赤诚相待，但是要确保自己不会受到伤害。记住，既然你都不会把自己设置的密码告诉你的另一半，我们就更不会。

第 71 种防御手段：不停地唠叨——表达轻微的不满

首先，我们发现大多数爱唠叨的人都是游击高手，而不是大人物。唠叨是一种不易让人察觉的谈判战术，而大多数大人物都不喜欢做这样的小动作。在第 11 章中，当我们谈到第 97 种决策手段（将对方置于被动地位）时，我们讨论了哪些人会给他人的生活造成烦恼。爱唠叨的人也会让你头痛不已，只是他们的方式不那么引人注意罢了。面对这样一个动不动就找茬，抱怨声不断，又喜欢否决一切的游击高手，如果你是一个敏感的人，就会发现每一次和他打交道都会让你备受折磨。他总是挑三拣四，要求这要求那，想让他满意比干什么都难。他的"蚕食计划"也可以说是一点一点的烦扰侵蚀。

但是你要小心了，如果你的谈判对象经常这样做，那就说明他是一个恶棍——和在你小学和初中时期找你麻烦的恶棍一样。对于这种人你最好敬而远之，更不要和他们做交易。如果他们觉得你好欺负，就会接二连三地想办法打击你。他们存活的条件是要有供他们欺负的人和机会，少了一个都不行。

5 种制胜反击攻略

你该怎样对付这些恶棍？

如果这个恶棍在你的公司工作或和你有长期的业务往来，那么对付他就是一件轻而易举的事：

- 首先，向你的上级或人事部门检举他（第 74 种决策手段：告诉对方你要向上级申诉）。如果你的公司有员工保护政策，他就有可能被解雇。
- 接着，确保公司会找恶棍谈话——越快越好（第 52 种决策手段）。确保他们不会拖拖拉拉，不然事情可能会被搞砸。
- 在公司创建你的小道消息网（第 24 种防御手段），从人们口中得知他会不会向你实施报复。
- 另外，下班后也要注意保护自己，因为没有人能确定他会不会采取报复行为（第 27 种防御手段：消失一小段时间）。

如果这个恶棍来自其他公司，你又该怎么做呢？这时你就不要和他或他这一类人谈生意了（第 68 种决策手段：到此结束）。不要在有限的生命里在这种人身上浪费时间。你应该很快再去找一个合适的生意伙伴。

信不信由你，少年时期的猫王埃尔维斯·普雷斯利住在孟菲斯市，那时的他是一个又干又瘦，腼腆害羞的书呆子，经常被人欺负。于是他就自创了一些独特的方法，以避开那些恶棍的欺凌。

第 87 种防御手段：你应该更大方一点！

直接开口让大人物或另一位游击高手开出更好的条件。但是要让他们知道，在给你优惠条件的同时，他们自己会得到什么样的回报。也就是说，用互惠原则（第 4 种合作手段）达成你的目标。比如说要求对方给予现金折扣。你可以告诉他："我可以自己去提货，你不必帮我运过来。我们就按减去运费后的价格成交。"

你会发现在与销售代表打交道时，这一招数的确是屡试不爽。当你问他"这是最低价了吗？"，他通常都会再次降低价格，或者给你一些额外的好处。

4 种制胜反击攻略

- 不要向大人物或其他游击高手透露任何信息，直至你确定了他们真正想要的是什么——他们想要的很有可能不只是一些价格优惠（第 25 种防御手段：守护你的秘密——要有保护意识）。

- 即使在这个时候，你也要记住，当你将信息透露给对方时，也就相当于做出了让步。如果没有回报，就绝对不要做出任何让步（第 19 种准备手段：如何做出让步——20 件该做的事和 20 件不该做的事）。

- 对他说："这种型号的最低价就是这样了，如果你不需要额外性能的话，我们还有另外一种型号，价格比这个低 500 美元。"这里用到了第 88 种防御手段：提出平等交换的要求，但不会接受对方的承诺。

- 记住你的目标，那就是赢得这场谈判。坚定立场，不要轻易退让（第12种顺从手段：不要轻易让步——每次让步的时候都要更加强硬地与对方讨价还价）。

第88种防御手段：提出平等交换的要求，但不会接受对方的承诺

每个人都知道什么是"交换"，但实际上"交换"是一个复杂的概念，它不仅仅是指在你做出让步后得到某种回报的过程。那么，我们说的"某种回报"到底是什么类型的呢？如果有人——大人物或是游击高手——试图用承诺换取你的让步（第13种合作手段），你就要这样对他说："我不会把承诺和让步混为一谈，你也应该不会。承诺总是说起来容易做起来难，我不想让你抱有过高的期望值，那是很危险的一件事。因此，即使我能做到，我也不会对你做出承诺。我会给你一些实在的东西——我会做出让步，这一让步是可以用金钱来衡量的，所以请你也以同样的方式对待我。"

记住上面的一段话，虽然句子不长，但是你只要在适当的时机这样说，绝对可以得到你想要的结果！

5种制胜反击攻略

- 时刻记住，当对方做出让步后，你没有义务也做出让步。你不必感到任何压力，放轻松一点，接受这份好运（第12种准备手段：冷静下来，轻松应对）。
- 试着让大人物或另一位游击高手先做出让步，这对于你来说是一个很大的优势（第19种准备手段：如何做出让步——20件该做的事和20件不该做的事）。
- 不要一次做出涉及太高金额的让步，你应该一小步一小步地做出让步（第14种防御手段：降低对方的期望值）。
- 如果你对他做出的让步并不感兴趣，也不想回报他的时候，就可

以说"让我考虑考虑"或者"让我再想想这个问题"之类的话。这里用到了第 27 种防御手段（拖延时间）。但是你要记住，这些话会提升他的期望值，这样一来你的对手就更不好对付了。因此，你一定要慎重地考虑后再说出"让我再想想这个问题"这类的话。

- 试着给对方模糊数额，让对方用实际数额作为回报（第 6 种防御手段）。

第13章

威力强大且被人们一再使用的3种防御手段

本章内容：*动之以情，如果能给对方一些免费试用品就更好了；采取折中办法，一人让一步很合理；接受失败，能赢多少是多少。*

第3种顺从手段：动之以情——给对方一些吸引人的选择，让他们对你的产品或服务产生好感

当你向大人物或游击高手出售你的产品或服务时，可以提供几个选择供对方挑选。当然，如果能给对方提供一些免费试用品就更好了。他在挑选你的产品和服务时花的时间越多，就会在情感上更加倾向于和你做生意，投入的精力也自然更多。

但是你也不要给他提供太多选择，因为——分辨这些令人眼花缭乱的产品，的确是一件很费劲的事。如果对方挑着挑着觉得累了，就很有可能不想再继续挑下去了，购买的欲望也会随之消失。这种情况很普遍，下面的两个发现就来自于《人格与社会心理学杂志》中的一项研究：

- 拿买果酱为例，只有 3% 的人会在出售 24 种口味的超市购买，而 30% 的人会在只出售 6 种口味的超市购买。

- 拿退休计划为例，更多的人倾向于列举出较少选择的退休计划，

而不是列举出较多选择的退休计划。

两种制胜反击攻略

- 维持双方的关系，使其在正常的轨道上发展，使用互惠原则，向对方提供几项选择（第4种合作手段）。

- 作为买方，你应该接受卖方为你罗列出的几种选择，并表示谢意，尤其是在对方为你提供了免费试用机会的情况下（第24种合作手段：安抚对方的情绪，注意要表现得真诚一些）。

- 但是不要像逛糖果店的小孩子一样，总是贪心地想要更多。不要动不动就向对方索要更多免费试用的机会（不要使用第103种决策手段：蚕食对方——耗尽对方的力量，赢过他）。这会让对方认为你是一个爱占小便宜的人。

第14种顺从手段：采取折中办法

从表面上看，一人让一步的确是很合理的做法。这种折中的办法往往可以打破谈判僵局。但是，有一点很重要，你必须记住：谁先开口提出折中办法，谁就犯了一个超级愚蠢的错误，因为先开口的那一方在对方看来，是不会担心有什么损失的。因此，不要在对方的诱导下先说出"我们一人让一步吧"。你要沉得住气，让大人物或另一位游击高手先提出这样的建议。接下来，再向他发动攻势。当然，你的态度必须是真诚友好的！

中国人在亚洲地区做生意的时候就经常这样做，但是和大多数西方人的做法还是有所不同的。中国的生意人在谈判进行了一会儿之后，通常会拿出两张纸，然后对你说："我把我希望的价钱写在这张纸上。你写在那张纸上。我们看了双方的价钱后再进一步谈。"这一招非常有效。你也可以试试，我们相信结果一定不会让你失望。

制胜游击反击攻略

在他先说出"我们采取这种折中办法吧"之后，你可以这样对他说："不行，如果我们各让五分，你是稳赚，我就是稳赔了，而且赔得更多。我读过杰伊和唐纳德合著的《游击谈判》，里面有一句话让我印象深刻，'首先提出采取折中办法的人输得最少。'如果我按 50∶50 的比例退一步，那我就亏大了。但是我也是讲理的人，我觉得可以我让两分，你让八分，这样就公平了。我想你也会认为这是最公平的方法。"你要认认真真地说完这番话，让对方看到你的诚意和友善。也就是说，你要安抚对方的情绪（第 24 种合作手段）。

第 16 种顺从手段：接受失败，拿好你能得到的东西——别自讨没趣

这也很难说，有的时候能赢多少是多少就可以了。幸运的是，你可以通过以往的经验，判断自己在这次交易中能获得多少。第 6 章的第 27 种决策手段（向汽车经销商学习——让大人物和游击高手投入大量时间）就涉及了这一点。如果你的时间对你来说没有他的时间对他来说那么宝贵，那你就不要一口答应他开出的条件，再和他磨磨嘴皮。如果你的时间对你来说比他的时间对他来说更加宝贵，那你就最好接受他开出的条件，能拿到多少是多少。

你的逻辑思维怎么样？（第 33 种决策手段就是：讲求逻辑——并让对方知道你是讲求逻辑的。）事实上，大多数人都没有什么逻辑头脑，遇事很容易情绪化，即使知道事态难以回转，他们还是会继续投入精力，结果往往会赔了夫人又折兵（第 13 种准备手段）。

5 种制胜反击攻略

如果你还想要得到更多，我们可以给你 5 条建议：

- 在他开出条件后表现出吃惊的样子，让他知道你压根就不相信他还会开出这么糟糕的条件（第 15 种决策手段）。

- 对他说："嘿，我们还是用数据说话吧。"用事实和数据说明你的要求是合理的（第 104 种决策手段）。

- 让他运用逻辑思维想一想（第 33 种决策手段），对他说："如果你是我，你会怎么做？"

- 坚持你的立场，毫不动摇，以此向大人物施压。这里用到了两种手段：第 89 种防御手段（不要向不合理的要求低头），以及第 66 种决策手段（让对方时刻感受到压力）。

- 直接忽视他的要求，因为你们双方都心知肚明这些要求是不合理的（第 11 种防御手段：不要做出任何回应）。

第14章

威力强大且被人们一再使用的两种合作手段

本章内容：互惠原则，绝大多数谈判对手都希望在他们对你做出让步后，你也能效仿；同时做出承诺而不是做出让步。

第4种合作手段：互惠原则——你帮我，我也帮你

大多数情况下，你的谈判对手都希望在他们对你做出让步后，你也能给予他们回报。如果你不报答对方，他们就会感到失望，或者愤愤不平。当然，如果你是先做出让步的那一方，你也会倍感压力。但这种互惠活动并不是你们的义务，如果它让你们双方都感到很为难，那你就最好不要提出这样的建议了。

上文叙述的情况多少有些简单化了，实际上，有关互惠原则，你要学习的还有很多。比如，如果你想要不动声色地让对方回报给你更多，你可以这样做：

- 确保他认为你给予他的东西有足够的分量。
- 如果你能给他带来意想不到的惊喜，那就更好了。
- 尽量将你的要求个性化。

这听起来好像很简单，实际上却不是这样，难就难在你要如何不动声色地施以妙计。下面就让我们来看一个摘自于某学术期刊的实验：

你在一家高档的餐厅用餐。餐厅会为每位用完餐的顾客提供免费的薄荷糖。下面是这家餐厅赠送薄荷糖的 4 种做法，你认为哪一种方法会让服务生拿到更多小费？

1. 在餐厅门口放一些免费的薄荷糖，这样的话服务生在为你结账的时候就不用发给你了，你可以在出门的时候自己拿一两颗。

2. 服务生在结账的时候为在座的每一位顾客发一颗免费的薄荷糖。

3. 服务生为在座的每一位顾客发两颗免费的薄荷糖。

4. 服务生先给在座的每一位顾客一人发一颗薄荷糖，然后离开。过了一会儿再回来，从口袋里掏出薄荷糖，再一人发一颗。

答案：第 1 种做法不会让服务生得到更多的小费。第 2 种做法只能让服务生的小费增加 3%。第 3 种做法可以让服务生的小费增加 14%。而第 4 种做法可以让小费增加 23%。

为什么会产生这样的结果？原因有以下 3 点：

● 既让人意想不到，又有足够的分量——顾客们都以为自己只会拿到一颗薄荷糖，因此两颗薄荷糖也算得上是小小的惊喜了。

● 个性化的需求——顾客们在想，"哎呀，原来这个服务生真的对我有好感，那我就多给他一点小费吧。"

但是注意，这一手段不能频繁使用。原因就在于，尽管人们从你这里不断得到好处，但是时间长了，他们就不会像一开始那样对你心怀感激。如果他们经常收到你的馈赠，他们就会渐渐地将你的慷慨之举视为理所应当的事。他们只会这样想："这是我应得的东西，如果你拿走了，我就不会再和你合作了。"而不会这样想："谢谢你这么多年一直送给我小礼品，我很感激，希望我们能长久地合作下去。"我们在第八章就谈到了人们在接受礼物时的不同心态（感激之情 vs. 理所当然）。详见第 16 种合作手段，*额外的福利——谈判结束后送给对方一份小礼物*。

（顺便说一句，我们在第 11 章中讲到了创造性互惠原则。毫无疑问，互惠原则不仅是指互相帮帮忙，其具体实施方法还有很多。）

两种制胜反击攻略

如果你不懂得回赠对方，那么你的处境就危险了。所有人——包括大人物，其他的游击高手，你的另一半——在赠予你某些东西后都希望你能回赠他们。（你的另一半就不会这样想吗？当她在结婚纪念日送给你一份礼物时，她所渴望的回赠就是你舒心的笑容。）你一定不想让对方感到失望或气愤，除非你不准备和他/她维持长久的关系。另一方面，硬生生地建立起这样一种义务式的往来，对你们双方也没有什么好处。因此，如果你不想积极地回应对方，你可以试着这样做：

- 告诉大人物："我很感谢您为我做的一切，我也想回赠您，聊表心意。但是我们老板有规定，现在如果我再让一步的话，就破坏了他的规矩。"这里用到了两种手段：第32种防御手段（我负担不起——我没有多余的钱了）以及第5种花招（表明自己权力有限——"不过我还得先问一下领导"）。

- 演技要过关。在你回馈对方的时候，要表现出一丝丝心有不甘（不是痛苦）的样子，即使你做出的回报不算什么（第19种准备手段：如何做让步——20件该做的事和20件不该做的事）。

第13种合作手段：做出诱人的承诺而不是做出让步

在你向对方做承诺的时候，不要只想着这是为了拖延时间，这可不是什么好理由。否则，大人物会认为你不讲诚信，并不再信任你。这样的话，你们的谈判局势就会急转直下，难以逆转。

现在，我们为你指出6条重要原则。遵循了这些原则，你会发现遵守承诺也不是什么难事，对方也会对你的做法感到满意。你可以挽回局势，让谈判朝着越来越好的方向发展。

- 效果最好的两种承诺：
  - 一是对大人物或另一位游击高手来说特别重要的事。
  - 二是你确实能做到的事。
- 不要轻易做出承诺，除非你能保证兑现这些承诺。如果你做不到，大人物就会对你留下不好的印象。
- 为了能履行承诺，你需要：
  - 足够的时间。
  - 足够的权威。
  - 足够的资源。
- 在协议中加上相关的条款，申明在发生意外的情况下你可以对协议内容做出部分调整。这样做不仅有助于你尽早促成这笔生意，也给了你在必要时做出灵活处理的空间。
- 人们在处理两性关系时总会做出这样或那样的承诺。你必须要发挥自己的想象力，才能在这场相互吸引的关系中占得上风。你可以登录 www.GuerrillaDon.com 查看我们为你准备的那些独特又实用的恋爱小窍门。
- 最后，也是最重要的一点，承诺不等于让步。让步是可以用金钱具体衡量的，而做出承诺只需要人们动动嘴。我们之前也说过了，这就是承诺说起来容易做起来难的原因！你可以回头看看第 88 种防御手段，那里也谈到了人们在更多情况下做出的是承诺而不是让步的原因。

8 种制胜反击攻略

当大人物或另一位游击高手向你做出承诺时，你可以这样应对：

- 不要天真地认为他会履行承诺。适当地持怀疑态度，尤其是在谈判的早期阶段（第 7 种准备手段：不要轻易被人说服）。

- 确保你们双方都完全同意各自向对方做出的承诺。将相关内容以书面形式保留下来，由双方进行草签（第 54 种决策手段：控制谈判过程）。

- 你可以这样测试对方对履行承诺的态度：首先只让他做出一个承诺，看他是否说到做到。如果他做到了，那就说明在接下来的谈判中，他会继续履行承诺的可能性就相当大了（第 22 种防御手段：收集并核实得到的信息——明辨真假，揭穿谎言）。

- 如果对方做出了**诱人的承诺**（第 13 种合作手段），你就要提高警惕了。记住，你不必对大人物或另一位游击高手的承诺做出任何回报，因为这种承诺不等同于让步。

我们假设你和你的对手是第一次打交道。他向你做出承诺——今后还会和你有更多生意往来，这正合你意。但是他履行承诺的前提是让你在本次交易中做出让步，现在就给他十分优惠的折扣价。这种情况会经常发生在你和另一位游击高手，而不是大人物的身上。你可以这样做：

- 持怀疑态度，不要经不住诱惑就给对方折扣价（第 7 种准备手段：**不要轻易被人说服**）。

- 试着和对方谈条件，看他能不能接受小一点的折扣（第 11 种顺从手段：**视情况开出条件**）。

- 告诉他："我不能这么做，这违反了公司的政策。"这里用到了第 31 种防御手段：**多打打官腔**。

- 如果他仍坚持自己的要求，你可以这样说："我还要回去问一下我们老板，才能给你回话。"给对方一个盼头。这里用到了第 5 种花招：**表明自己权力有限——"不过我还得先问一下领导"**。

第15章
威力强大且被人们一再使用的4种花招

本章内容： *权力有限，得先征得老板的同意；发脾气吓唬对方，只是表演痕迹不能太重；说谎，而不是夸大其词；终极输家的两大软肋——贪心且轻信他人。*

第5种花招：表明自己权力有限——"不过我还得先问一下领导"

这绝对算得上是最糟糕的借口（第30种防御手段）。你诚心诚意地和对方谈判，等到你准备签合同的时候，他却对你说："我还得先征得老板的同意。"汽车经销商们更是乐此不疲。他们已经知道了你能接受的价位——你的全部秘密——但是你却不知道他们老板的任何秘密。你可以这样想象一下：当销售经理衣冠楚楚地走进来时，你却光着身子坐在那里，一看就是好欺负的样子。在这场交易中，你正处于最下风。对方总是会这样对你说："抱歉，我的销售人员已经逾越他的权力范围了。"接着，他还有一个更坏的消息等着你："抱歉，我的销售人员做得太离谱了。"

6种制胜反击攻略

现在我们来教你如何应对对你耍花招的人，如果这个人不是老板，那么你可以采取以下3种反击攻略：

- 了解你的对手，事先弄清楚他是不是经常使用这种花招（第32种决策手段，*知己知彼——信息就是力量*）。在这里给你一点提示：游击高手使用这一招的频率要高得多。为什么？因为大人物不想承认自己不如你想象的那样有权。

- 不管你的谈判对象是大人物还是游击高手，我们建议你在和这类人谈判时一定要表现出非常不情愿的样子。你要事先搞清楚他会不会耍这种花招，在你们开始谈判之初，你就应该问他："你有权定这笔交易吗？"这里用到了第22种防御手段：*收集并核实得到的信息——明辨真假，揭穿谎言*。

- 虽然他说自己没有这个权力，但是你又想继续和他，而不是他的老板做生意，你就可以看看他在书面授权时的最大权限是什么（第54种决策手段：*控制谈判过程*）。

如果你情愿和他的老板谈判，你就可以这样做：

- 告诉他："我有权力可以谈判，就让我和你的老板直接谈吧，节省我们的时间。"这里用到了第51种决策手段：*双方对峙——要对方摊牌*。

- 唐纳德在这种情况下通常会这样说，效果也很好："那就是说你没有权力定这笔交易咯？好吧，既然是这样，我也会派一名我的下属来和你谈。他也没这个权力。等你们两个小家伙在一起玩一会儿，你再把你的老板请出来，到时候我也会过来，我们两个再好好谈，把事情定下来。我现在不想和你多费唇舌了。"这里用到的是第31种花招（*羞辱调侃对方*）。奇怪的是，唐纳德这种语带讽刺的回应（第2种决策手段）也能得到不错的结果。这可能是由于他在说这番话的时候是面带笑容的（第24种合作手段：*安抚对方的情绪，注意要表现得真诚一些*）。因此，你在使用这一反击方

式的时候一定要谨慎一些，这么说毕竟不礼貌。你想让对方认为你是一个没有礼貌的人吗？或者你还是想浪费时间，让对方拿这个借口敷衍你？

- 如果你已经知道最后的发言权掌握在他老板的手里，你可以这样做：让他的老板同意你和他的下属达成的每一项书面协议（第54种决策手段：控制谈判过程）。确保他的老板对每一条协议都表示同意，而不是在最后一次性表示同意。这一过程必定是冗长乏味的，对方可能会忍受不了，于是主动请他的老板来。这样就会为你节省很多时间。

最后，你要视情况开出条件（第11种顺从手段），保护自己免受这一手段的侵害。视什么样的情况而定？那要看你的老板是否同意了。这会为你争取时间，同时制造悬念。当你完成自己说会尽力完成的所有事宜后，对方的下属由于你消除了大家的悬念，从而对你产生好感。就算你没有完成自己所说的这些事，对方下属也会由于你曾经努力尝试过，而大加赞赏，从而为你方多挣了一分。

第51种花招：吓得他魂飞魄散——让他怕你

如果你真的很生气，你就有可能无法控制你的情绪——你会大声说话，喊叫，骂人，还会用力地拍桌子。你可能会这样对大人物或另一位游击高手说：

- 你开出的条件分明就是在侮辱人啊。
- 你觉得我是什么人——是笨蛋吗？
- 你当我是钱堆出来的吗？

谈判时有什么不满不要总是忍着不说。这样做的确有一个好处：如果你没有一点征兆就突然爆发了，大人物可能就会被你唬住，不再信口开河，而是和你实实在在地谈生意。（我们只提到大人物，是因为游击高手很少在其他游击高手身上用这一招）。然而，这一招也经常会触怒对方，结果弄巧成拙。

如果你并不是真的生气，只是想用这一招的话，那么展现你演技的时刻就到了。第55种花招是公然撒谎，而你要确保自己表演的痕迹不能太明显。事实上，大多数人的演技都不过关。不管怎么样，不到万不得已不要轻易使用这一花招。如果你确定要用，就要演得确实像那么一回事。记住，要让假证据成为真事实。

如果你想用委婉一些的方式让他感到你的不悦，你可以试试第16章中介绍的驾驭气场的身体语言的18种动作。

最后，说实话，经常在谈判桌上像这样大发雷霆——无论是你还是其他人——也是挺丢人的一件事，但是喜欢使用这一手段的人并不在意自己有没有丢脸。这和第17种合作手段（要给对方留面子）的使用情况正好相反。本书的第二章也讲到了相关的问题——通常来说，美国人不怎么在意给对方或自己留面子，因此和其他国家的人相比，谈判桌上的美国人更容易气得拍桌子。当外国人和美国人谈生意时，他们大可不必费心思帮美国人留面子，美国人一来不会领情，二来说不定都不知道对方这样做是在为自己着想。无知是福，这话说得一点没错。

3种制胜反击攻略

- 当对方发脾气的时候你要勇敢面对（第70种决策手段），不要让大人物认为你被他唬住了，坐在那里一点反应都没有。也就是说，你不应该使用第11种防御手段（不要做出任何回应）。要让他知道，他的这种行为已经冒犯了你。

- 不要忍气吞声，你可以直接离开（第68种决策手段：到此结束）。

这比用武力更能威胁对方（第77种决策手段），更容易让事态升级。虽然说拍案而起或者和对方对骂会让你心理平衡一点，但是这并不是可取的办法。你可以离开，但是不要爆发。

- 如果你在谈判时带着录音装置，作为报复，你也可以告诉他你已经把他说的话录下来给他的老板听了（第6种花招：打击报复）。但是你要确保自己这样做是合法的。我们认识的人里也有做过这种事的，他们说对方的老板果真把那个不知轻重的家伙换下来了，再重新派人和他们谈判。

第55种花招：公然撒谎，而不只是夸大其词

孩子们能一眼识别出你在说谎。当他们拆穿你的谎言后，就会围着你唱"骗子，骗子，你的裤子都着火了"。我们在很小的时候就会说谎，直到现在，我们仍然避免不了各种各样的谎言。有的时候，我们只是说点小谎，这些善意的谎言不会造成严重的后果。但是在这里，我们讨论的是不切实际的、恶意的、卑鄙的谎言——这些都是会伤害到别人的谎言。

另外，所有人都会在生活中说一些言过其实的话，这也是很正常的情况（第39种决策手段：以自我为中心——我是最棒的）。但是你要能分得清说谎和夸大其词之间的区别。说话夸大其词的人总有几分说的是真话，而且说不定这些浮夸之词真的会在将来实现，而谎言就是彻头彻尾的虚假之言。谎言是不会成为现实的！

对于谎言和说谎的人，你需要知道以下四件事：

- 谎言会提升他人的期望值。如果你只会空口说大话，那就完蛋了。你的夸夸其谈会让在座的人感到头疼，他们甚至有可能会走开。
- 有的人，喜欢撒连环大谎。他们谎话连篇，结果把自己也绕进去了，分不清什么是现实，什么是虚构。连环撒谎者识别起来难度更大，

因为他们在撒谎的时候，还满脑子以为自己说的是真话。他们的身体语言也没有出卖他们。

- 但是，大多数普通的撒谎者很容易被他人识破。这和我们的记忆系统的工作方式有关。我们的五官可以捕捉到那些真正发生在我们身上的事，这些事件深深地镶嵌在我们的脑海里。谎言是不会真正发生的，因此不会被我们的五官捕捉，也就不会留在我们的记忆中了，而我们只会记得那些留在我们记忆中的事。所以说想要成为一名撒谎高手，你必须有很强大的记忆力。你的记忆力怎么样？现在就可以测试一下——你还记得第 51 种花招是什么吗？

- 说谎者需要很好的演技帮助他们蒙混过关。能看懂身体语言的人可以轻松地识穿人们的谎言。我们将在第 16 章中为你介绍更多相关内容。

5 种制胜反击攻略

- 时刻保持怀疑精神，善于观察人和事，尤其是在你和一位素未谋面的人做交易的情况下（第 7 种准备手段：不要轻易被人说服）。

- 观察大人物或其他游击高手的身体语言。如果你想知道对方说的是真话还是假话，从他的身体语言中就可以看出一二（第 15 种防御手段）。

- 只要你能确定对方在说谎，就要立马和他说清楚（第 52 种决策手段：问对方："为什么在我面前耍花招？你就不能消停一会儿吗？"），但是你要谨慎一点，想清楚你是否真的想让他感到内疚（第 80 种决策手段）。

- 在你对手工作单位的内部发展人脉。与他们保持联系，向他们打探消息。这有助于你看清对方的言行，分辨他是否在说谎（第 76 种防御手段：寻找盟友，并让他们帮助你）。

- 如果你不愿意做出让步，他就威胁说要离开，这时你就要让对方摊牌，看看他是否在说谎（第 51 种决策手段）。但是你要确定，

他招认后的结果对你来说不会有什么负面影响。

第 76 种花招：利用终极输家贪心又轻信他人的两大软肋

想要取得贪心之人的信任可谓易如反掌，你只要给他们编一个像样一点的故事，注意这个故事最好能迎合他们的贪念，接着他们就会乖乖上钩了，因为这类人总是想着天上掉馅饼的好事。另外，那些总是轻信他人的人对付起来也非常容易。也就是说，如果对方既贪心又经常轻信他人，那么你就能更加轻松地控制他们的行动。美国历史上最大的诈骗案制造者伯尼·麦道夫，并不是仅凭一人之力就制造出了这样的惊天骗局。他有很多同谋——他的客户。和这位华尔街金融巨骗同路的人，总是将目标锁定在那些贪婪又容易受骗的人身上，因为对付起这群人来简直不费吹灰之力。现在让我们来看一看，怎样分辨一个人到底是贪心还是大方，很容易上当受骗还是时刻保持怀疑谨慎：

第一，你是贪心多一点还是慷慨多一点？如果你一直过着奢侈的生活，你就很有可能属于贪心一族。而另一方面，那些长期自食自力的人通常就属于慷慨一族。这里还有另外 7 种方式可以帮助你判断：

贪　心	因　　素	慷　慨
一个没有	兄弟姐妹的人数	有几个
拥挤	住宅单元	不拥挤
很愤世嫉俗	愤世嫉俗的程度	不怎么愤世嫉俗
是的	以自我为中心	不是
不怎么愿意与他人合作	合作程度	很愿意与他人合作
很感兴趣	审视内心——对很多不相干的事感兴趣的程度	不怎么感兴趣
是的	自私	不是

第二，你很容易上当受骗还是时刻保持怀疑谨慎？有 10 种方式可以帮助你判断：

容易上当受骗，轻信他人	因　　素	怀疑谨慎，不轻信他人
较小	偷东西，在商店里顺手牵羊的可能性	较大
较小	欺骗他人的可能性	较大
经常说谎	说谎的数量	不怎么说谎
很多	朋友的数量	只有几个
较少	内心的矛盾	较多
较多	开心的时刻	较少
是的	愿意给他人第二次机会	不是
是的	尊重他人	不是
非常相信	相信他人	不怎么相信
指望他人能做到	对他人能做到言行一致的态度	不指望他人能做到
较多	为了适应生活做出的调整	较少

你应该对和你有关的人都有所了解，而不只是关注现在和你谈生意的人。搞清楚对方到底是贪心还是大方，很容易上当受骗还是时刻保持怀疑谨慎。然后，在谈判桌上证实你的想法，看他是否符合“贪心——容易受骗”的模式。如果他既贪心又容易受骗，那么想要说服对方就不难了。

5 种制胜反击攻略

当大人物或另一位游击高手想要利用你的贪念以及轻信他人的特性，你应该这样做：

- 诚实地看待自己，对自己的优势和缺点做到心知肚明。这里用到了两种手段：第 10 种准备手段（调节你的自我意识）和第 32 种决

策手段（*知己知彼*）。

- 如果你知道自己是一个贪心或容易上当受骗的人，会轻易相信他人告诉你的话，甚至是那些完美到不真实的故事，那么你就要提醒自己，时刻保持怀疑的态度（第 7 种准备手段：**不要轻易被人说服**）。

- 如果你已经引火烧身了，那就应该从错误中汲取教训（第 11 种准备手段）。

- 每一次谈判中都要做到核查对方是否在说谎（第 22 种防御手段：**收集并核实得到的信息——明辨真假，揭穿谎言**）。

- 让他以书面形式做出承诺，如果他不能遵守承诺，就把这份文件作为呈堂证供和他法庭上见（第 54 种决策手段：**控制谈判过程**）。不要使用第 17 种花招：**打无聊的官司**，花费你的时间和金钱。

总结和展望

第 10—15 章涵盖了 50 种威力强大且被人们一再使用的交易手段——2 种准备手段，27 种决策手段，12 种防御手段，3 种顺从手段，2 种合作手段以及 4 种花招。在本书的下一部分，你将学会游击高手制胜的两大法宝：运用身体语言（第 16 章），以及懂得如何做出让步（第 17 章）。

GUERRILLA DEAL-MAKING

第五部分

游击高手运用的身体语言和让步技巧

　　第五部分中的两章节：第 16 章将谈到所有游击手段中威力最强的一种——身体语言。第 17 章将谈到如何正确做出让步，并在让步后仍然成为这场谈判的赢家。

第 16 章
游击式身体语言

本章内容：基本训练——52 种基本动作；高级课程的 5 个部分——40 种说谎时的身体动作，18 种体现掌控意图的身体动作，12 种身体接触的方式，19 种办公室家具摆放的格局，以及如何用你自己的身体语言操控对方。

介绍

人们很少用到的手段之一就是知己知彼——信息就是力量（第 32 种决策手段）。你已经在第 6 章了解了这一手段。游击高手们可以通过观察大人物和其他游击高手的身体语言挖掘出很多有用的信息。你可以看出：

- 他们对你说的话是否感兴趣。这是第 15 种防御手段。
- 他们是否在对你说谎。这又是第 15 种防御手段。
- 他们是否想要掌控你。这还是第 15 种防御手段。

你还可以通过观察以下情况得到有用信息：

- 他们是如何与他人（包括你）发生身体接触的。这是第 18 种防御手段。

● 他们的办公室是按照怎样的格局布置的。这是第 19 种防御手段。

另外，如果你很精通这一套，你也可以利用自己的身体语言来操纵大人物和其他游击高手。这就是第 16 种防御手段。

你将在本章学到以上所有内容。你会明白很重要的一点，即身体语言和你的力量息息相关。看得懂并且会运用身体语言可以让一位游击高手力量大增。唐纳德告诉他的听众，"身体语言是我学过的最强大也是最实用的手段。大多数人都以为自己很懂身体语言，实际上他们对此一窍不通。身体语言远比'微笑代表形势很好，皱眉代表形势糟糕'之类的简单解读复杂得多。除了'双臂交叉代表防御心理，双臂展开代表接纳意见'这些入门级的知识，身体语言的奥妙还有很多，但实际上学起来也不难。不过你要明白，弄懂身体语言并不代表你就能灵活地运用身体语言。为了做到游刃有余，你还得勤加练习。"那么，到底怎样才能算是"勤"呢？这就要看个人的领悟能力了。

本章将为你准备你需要的知识，你可以通过练习提升技巧。

身体语言到底有多简单

下面的插图描绘的是法庭上的陪审团。

所有男性都表现出了极度的否定态度，而所有女性似乎都表现得饶有兴致。这则漫画的妙语是，"波比特女士，现在告诉陪审团，你用这把刀子做了些什么。"你可能还记得 1993 年的一个著名案例，劳瑞娜·波比特因不堪忍受丈夫的性虐待而一刀割下了她丈夫的"命根子"，然后将其丢在离家数英里的地方。最后，陪审团判定她无罪。这张漫画的确很搞笑，但是重要的是，从这张漫画中你可以一眼看出男性和女性对这一事件的反应是迥然不同的。

另外，在 2011 年 7 月，住在加利福尼亚州的凯萨琳·贝克也因为犯同样的事被捕。我们希望这并不意味着她们已经开创了某种风气的先河。

现在让我们来告诉你身体语言到底有多简单——你只需记住以下 6 点：

身体语言的 6 大关键所在

- 用 5 分钟的时间仔细观察大人物或另一位游击高手。
- 不要让他看出你在上下打量他，寻找线索。
- 将他的每一个举动都归类到表示肯定态度或表示否定态度的范畴。
- 一个动作可能没有任何意义，因此，你要注意他的一系列动作，它们很能说明问题。
- 如果他的大部分动作表达的都是肯定态度，那你就要继续维持这种现状，因为他对你说的话做出了积极的回应。
- 如果他的大部分动作表达的都是否定态度，那你就要立马打住，换点别的说法，因为他对你说的话做出了否定的回应。

没错，身体语言就是这么简单。但是你要搞清楚自己寻找的目标是什么。本章余下的部分是一张路线图，你可以在这份路线图中找到以下

内容:

- 基本训练——52 种基本动作。
- 5 大高级课程:
  - 说谎时的身体语言——40 种动作。
  - 意图取得掌控权时的身体语言——18 种动作。
  - 身体接触的方式——12 条线索。
  - 办公室家具摆设的格局——19 种。
  - 如何运用你自己的身体语言操纵大人物或另一位游击高手。

基本训练: 大人物或另一位游击高手对你说的话感兴趣吗? 他喜欢听这样的话吗? 52 种游击式身体语言中的基本动作

当你在阅读这些内容时,请记住本章是第 15 种防御手段,观察对方的身体语言的详细解说。我们是在第 7 章第一次谈到这一手段。

第一,关注大人物或另一位游击高手的整个身体状态——他的脸、手掌、手指、双臂、双腿、背部、肩膀、腹部等等。另外,你还要注意他对手的位置,以及他的位置和你的位置之间的距离。他的每一个动作都是他的内心独白——他的态度是肯定的,否定的,还是中立的。

注意以下 22 个范畴中的 52 种动作:

整个身体

- 肯定的: 将身体向前倾——感兴趣。
- 否定的:
  - 将身体往后退——不感兴趣。
  - 否定的: 抖动身体——感到沮丧。

双臂

- 肯定的：张开而不是相互交叉置于胸前——愿意听取建议。
- 否定的：相互交叉——表示轻蔑。

双腿

- 肯定的：
    - 微微张开，而不是双腿交叉——愿意听取建议。
    - 张开的幅度过大——具有性意味。
    - 交叉双腿，并将脚朝向你这一边——否定程度不大，有时甚至是肯定的。
- 否定的：
    - 交叉双腿，脚不是朝向你这一边——强烈否定，轻蔑，防御心态。
    - 双腿抖动或轻叩地面——非常紧张。
- 中立的：交叉脚踝——头脑清醒。

脸部——眼睛

- 否定的：
    - 迅速地眨眼——生气，兴奋，或在说谎。
    - 快速地闭上眼睛，并把头向后靠——你离他太近了。
    - 有近视眼的人摘下眼镜——他不想清楚地看着你，或者被你看见（记住——只适用于有近视眼的人）。
- 中立的：聚精会神地凝视，不管是在看着你还是其他事物——他正在深思熟虑。

脸部——眉毛

- 否定的：扬起一边的眉毛——他不相信你说的话。

- 中立的：扬起两边的眉毛——他感到震惊（这有可能是好事，也有可能是坏事）。

脸部——下巴

- 否定的：尽力收下巴——你靠他太近了，应该离远一点。

脸部——整体造型

- 肯定的：脸部保持某一角度，手部做很多记录——非常感兴趣。
- 否定的：
  - 脸部保持某一角度，手部在纸上乱写乱画——感到非常无聊。
  - 当他开口说话的时候就把目光从你身上移开——他并不是真的想和你谈判。

头部

- 中立的：
  - 问完问题后头部上扬——他的问题结束了，现在轮到你回答。
  - 讲完一段话后低头——他讲完了，现在轮到你做出回应。

手指——相互触碰

- 肯定的：右手的拇指放在左手拇指上——坦诚的。
- 否定的：左手的拇指放在右手拇指上——圆滑的。

竖起肘部或双手抱头

- 竖起肘部——左手的指尖和右手的指尖相互触碰，而手掌不接触——优越感。
- 双手抱头——将手臂环绕在头后方，十指相扣，人向后仰。当你站在老板的桌边时，他很有可能做出这样的姿态。这是极度优越感的体现。

拇指

- 肯定的：站着的时候，将拇指塞进腰带里，手指指向胯部——具有性意味。

手——触碰他的头部

- 肯定的：用一只手轻拍头发——认同你说的话。
- 否定的：用手指揉鼻子——不认同你说的话。

手——触碰其他物体

- 否定的：
    - 拨弄戒指——感到紧张、焦虑或尴尬。
    - 将戒指从手指上取下来，放进衣服口袋里——他已经结婚了，但是想让你认为他还是个单身。

背部

- 肯定的：微微弓着背——会随机应变。
- 否定的：背部僵硬地挺直——自我意识很强，不会随机应变。

肩膀

- 否定的：
    - 缩回肩膀——感到愤怒。
    - 耸起肩膀——感到害怕。
    - 肩膀往后耸——你靠他太近了，应该离远一点。
- 中立的：
    - 挺起胸——承担他的责任。
    - 弯着背——感觉负担沉重。

腹部

- 否定的：腹部过于放松——感到沮丧。

大量出汗

- 否定的：感到不安和紧张，特别是在天气并不热的情况下。

他的位置

- 肯定的：在谈判桌上他和你坐的位置呈对角线——友好的态度。
- 否定的：
  - 正好和你面对面——敌对的态度。
  - 桌子的中间位置——他想要掌控全局。
  - 屋子后面的一角——他想说的是："不用管我，我不想参与。"

人和人之间的距离（在室内且在美国）

- 40 厘米－46 厘米：女性之间的适宜距离。
- 46 厘米－51 厘米：男性之间的适宜距离。
- 56 厘米－61 厘米：男性与女性之间的适宜距离。为什么这个距离更远了？这是由于性张力的存在。另外，双方的年龄不会对这一结果造成什么影响。

人和人之间的距离（在室内且在几个其他国家，包括法国、拉美国家等）

- 33 厘米：男性之间的通常距离。

人和人之间的距离（在室内，大城市和小城镇的比较）

- 一般来说，和小城镇的人比起来，大城市的人距离更近。

大街上人和人之间的距离

- 肯定的：你在街上走着，他可以一直靠近你，直至在距离你 20 厘米的地方看着你，接下来他就该停下脚步不能再靠近了。

- 否定的：如果他一直看着你，而且距离你不到 20 厘米了，这就算是侵入了你的个人空间。

身体语言的高级课程，第一部分：说谎时的身体语言——40 种动作

以下 40 种动作会彻底揭穿说谎者。如果你的谈判对手在谈判的全程中做出了这些动作中的几种，那么他就是在对你说谎。大多数说谎者都是因为紧张不安才做出这样的动作。唐纳德发现，研讨会的参与者们学习说谎时的身体语言比学习其他身体语言要快得多。你也很有可能和他们一样。你将会学到的是从对方的眼睛、手指、脸部、双手、手和脸、双脚、肩膀、声音、不协调的动作和一些小动作中确定对方在说谎。

眼睛

- 大人物或另一位游击高手几乎不跟你进行眼神交流。注意：有经验的说谎者，都知道大多数人认为没有眼神交流就意味着在说谎，因此他们在和你交流的时候会故意多看看你，好让你认为他们说的是实话。

手指

- 他经常用手指轻敲桌面。

脸部

- 他的脸颊红了，即使只是微微泛红。
- 他经常舔嘴唇。
- 他的嘴唇在抽动。

- 他经常做出嘴巴微张的样子。

- 一般来说，超过 5 秒钟的注视就意味着他在说谎。值得注意的是，有一种情况是例外——当他微笑着注视你的时候。人们在微笑时需要牵动 15 条面部肌肉，而皱眉时需要牵动 43 条面部肌肉。因此，皱眉是比微笑更费劲的事。如果他露出吉米·卡特式的微笑，你就要小心了。很多人很擅长做出这样的微笑，并能长时间保持这样的笑容。在研讨会上，唐纳德像美国前总统吉米·卡特一样，对着台下的人们咧着嘴，露着牙齿笑了大约 30 秒，其间没有说话，而人们则频频鼓掌，并爆发出阵阵笑声。因此，不要把微笑太当回事儿，很多人可以随时挤出一堆笑容来。但是，如果对方在相当长的一段时间里都皱着眉头看着你，那么他就是真的生气了，因为像这样长时间的皱眉是很费劲的。总而言之，当对方皱起眉头时，你就要多留个心眼了，但可以不必太在意对方的微笑。

- 对方的面部是扭曲的或不对称的。看看这三幅图画中的三张脸。唐纳德在研讨会上也向大家展示了这三幅图。他问道："哪一张是骗子的脸？"几乎所有人都选择了第二张脸，他们是对的——这是三张脸中唯一——张带着扭曲表情的脸。（第一张脸表现的是悲伤的情绪，第三张脸表现的是害怕甚至是惊恐的情绪。）

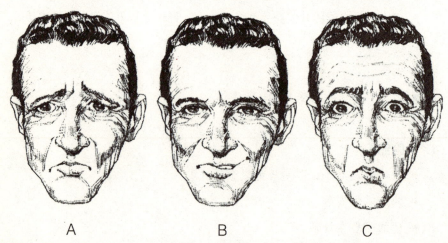

A   B   C

双手

- 大人物或游击高手不让你看见他们的双手。即使他们把手放在你的眼前，也不会把手掌对着你。但是你要注意一点，那些老练的骗子知道让对方看到自己的手掌就意味着坦诚相待，因此会故意在谈话中让你看到他们的手掌，让你相信他们说的是实话。
- 他的手部动作少了很多。

双手和脸

- 他在说话的时候会用手遮住嘴巴。这下他就彻底露馅了！
- 他用手很短促地触碰自己的鼻子。这样的动作越频繁，他说谎的可能性就越大。唐纳德称这种动作为"匹诺曹手势"。还记得在1998 年 8 月 17 日的录像证词中，总统比尔·克林顿是怎样撒谎撇清与莫尼卡·莱温斯基的性丑闻吗？两位精神病学家分析了克林顿在这次证词中的一段长达 23 分钟的说谎片段。他们发现，克林顿用手触碰鼻子的次数多达 598 次！相当于一分钟触碰 26 次！而录像显示，在克林顿说实话的两段证词中，他都没碰自己的鼻子。在这两段证词中，他讲的是自己的名字，职位，诸如此类不必说谎的事情。就在这次学术调查中，精神病学家还研究了前橄榄球运动员欧·杰·辛普森因涉嫌谋杀妻子妮可及其男友所做的证词，发现辛普森频繁地触碰他的鼻子。但是，他们没有对"频繁地"下具体的定义。精神病学家们将这次研究的结果发布在了一份学术期刊上。
- 他在揪自己的耳垂，有时候甚至会用力猛拉耳垂。

双脚

- 当他双腿交叉时，脚尖一直在打转。

肩膀

- 他短暂地抬起一侧的肩膀，动作幅度很小。一般来说，你很难察觉到这种不自主的动作。

声音

- 他说话的音调微微提高。
- 他在说话时经常出现发音错误。
- 他会和你东拉西扯，而不是直接切入主题。
- 他在说话时经常磕磕巴巴。
- 他在说话前清了清嗓子。
- 他在说话前干咳了一声。但是你要注意，这可能还有其他的含义——他在表示怀疑或感到惊讶。
- 他在明显地假笑。
- 他在吹口哨。
- 如果对方的嘴巴做出了微笑时的样子，那么他的眼睛也应该是微笑时的样子。如果不是这样，他就是在说谎。想要看出对方的眼睛和嘴巴的动作是否统一，说难也不难。下面的插图来自一则广告，描绘的是一张空姐的脸。广告语是这样说的："用手遮住她的嘴巴，看看这位友善的空姐会变成什么样。（来自其航空业竞争对手）"照这段话去做，你看见了什么？只有一双恶魔似的眼睛，一副假笑的嘴脸。

不协调或不一致的动作

- 如果他的身体动作和面部表情是不一致的，他就是在说谎。举个例子，如果他直拍桌子，想让你以为他发怒了，但是他的面部表情却不是生气的样子，那么他就是在说谎。如果他先是拍着桌子，过了两秒钟才想起来要配上一张气鼓鼓的脸，那你就更容易识穿他的把戏了。

- 他的声音和身体动作应该是协调一致的。如果他嘴上说着"是的"，却慢慢地左右摇晃着脑袋，来来回回好几次，那么他就是在说谎。因为当一个人上下晃动脑袋时，他的潜台词是"是的"，当他左右晃动脑袋时，潜台词就是"不是"。（这一规则在除保加利亚、斯里兰卡等国家以外全球范围内通用。）但是那些靠骗术谋生的人，做法就更明显了。当他们嘴上说着"是的"的时候，左右晃动的不只是他们的脑袋，还有他们的整个身体。

其他 4 种动作

- 大人物或另一位游击高手总是坐立难安。他一会儿把手指伸进衬衫衣领里转转，一会儿又整整衣领。他总是在摆弄自己的衣服——领带、外套、裤子等等。如果是女性，她通常会拉拉裙摆，或调整一下内衣。

- 他在拨弄自己的戒指、钥匙或者其他个人物品。

- 站着的时候，他把身体的重心一会儿放在左脚上，一会儿又换到右脚上。

- 他在来回踱步。

最后需要注意的两件事：

第一，唐纳德的研讨会参与者很轻松地就掌握了人们在说谎时的身体语言，这真是不可思议。讲授完这些内容后，唐纳德将参与者分为两组，让他们面对面站着。接着，其中一组告诉另外一组自己的真实出生日期和一个编造的假日期。大多数情况下，另一组的成员都能分清楚哪一个是真实的，哪一个是编造的。你可以找一位也读过本章内容的人和你一起完成这个小游戏。

第二，想要看穿那些老练的骗子，难度更大，因为他们就是靠说谎为生的。他们知道哪些动作会出卖自己，所以尽量避免做这样的动作。当你和这样的人打交道时，要注意观察他们脸上的细微表情。这就说来话长了，你可以登录 www.GuerrillaDon.com，了解更多人们在说谎时会做出的细微动作。

高级课程的第二部分：他在试图掌控你吗？掌控他人的身体语言——18 种动作

第二部分将为你详细讲述第 16 种防御手段，我们在第 7 章中曾简要描述过这一手段。

怎样判断大人物或另一位游击高手正在试图掌控你？你要注意观察以下 18 种具有操纵意味的动作：

眼睛
● 他长时间紧紧地盯着你看。
● 他在和你说话的时候完全无视你的存在。

脸部
● 他看上去感到很无聊。
● 他经常皱眉。
● 他经常咆哮。
● 他经常嘲笑你。

- 他经常假笑。
- 他很少露出笑容，过于严肃。

握手

- 他在和你握手时用力地捏你的手。他认为无力的握手是软弱无能的表现，所以你也一定要狠狠地捏回去。
- 如果他用双手握住你的手，那他要么是把你当一位密友，要么就是试图解除你的防备，以备在时机成熟时将你拿下。
- 他和你握手的时间过长。
- 他在握手的时候保持自己的手掌向下，而不是向上。这意味着他是高高在上的，而你是在他之下的。

高度

- 他故意站在或坐在比你所处位置高的地方——这让他看上去会比你高，从而增加他的优势。
- 男性会穿上内增高鞋，女性会穿上高跟鞋。同理，这会让他们看起来更高。

体积

- 他站在那里，双手放在髋部，手肘弯曲往外伸，双腿打开。这让他的块头看上去比你大。

空间

- 他侵入了你的个人空间。在本章开头的时候，我们也谈到了个人空间的问题：在大多数西方文化中，男性与男性之间适宜的距离是46厘米—51厘米，女性与女性之间适宜的距离是40厘米—46厘米，而男性与女性之间的适宜距离是56厘米—61厘米。另外，如果你

在街上遇到某个陌生人，你最多只能在距离他 20 厘米的地方看着他，如果你走得更近了，那就等于侵入了他的个人空间。

地位的象征

- 他会特意将所有可以体现他身份地位的东西展示给你看。比如说：他的美貌妻子或她的帅气丈夫，一只昂贵的劳力士手表，一只 LV 的手袋，挂在墙上的他和董事长的合照等等。这些都是大人物惯用的手段。
- 有的时候，他不会特意在你面前炫耀这些东西。相反，他会低调地展示。我们在讨论第 41 种决策手段（暗示你的力量——而不是故意展现你的力量）的时候告诉了你 6 种暗示力量的方法，你可以翻回第 6 章看一看。

高级课程的第三部分：身体语言之身体接触——12 条需要遵循的线索

身体语言中表示关系最亲近的就是身体接触（第 18 种防御手段）。当你主动与大人物或另一位游击高手进行身体接触时，一定要小心谨慎；在对方主动接触你时，你也要做出适当的回应。下面是你应该注意的 12 件事：

- 主动触碰你的谈判对象可以帮助你顺利完成交易。举个例子，训练有素的玫琳凯化妆品销售代表就会一边称赞那些潜在客户在使用了玫琳凯化妆品后看上去如何明艳动人，一边试图在客户皮肤上试妆。
- 女性之间的身体接触比男性之间的身体接触要频繁。
- 同龄人之间的身体接触比年龄迥异的人之间的身体接触要频繁。
- 如果你认为对方想要引起你的共鸣，你可以主动与他们进行身体接触，这会让对方感到很高兴。

- 要小心一点。很多时候我们触碰他人只是为了打断他们说话。如果你也是为了打断他们说话，注意只能触碰他们的手臂或肩膀。因为，很多人根本就不喜欢和他人进行身体接触。

- 除非你和对方有性关系，否则绝对不要触碰他人的敏感部位。

- 什么样的人最经常触碰他人？答案是年轻人和老年人。中年人通常不怎么和他人进行身体接触。

- 朋友之间的身体接触比陌生人之间要频繁得多。因此，在与他人进行身体接触之前，问问你自己："他是我的朋友还是熟人，或者只是个陌生人？"

- 身体接触的目的包括掌控他人，也包括增进友谊。当你用手戳某个人的时候，你的潜意识就是想掌控这个人。而朋友之间的身体接触要随意得多。

- 在中东地区和一些亚洲国家，特别是在泰国，你经常能看到两个男人手拉着手。不要怀疑人家的性取向，这在他们国家是很正常的事。

- 在泰国、韩国和某些亚洲国家，同性之间经常会相互触碰手臂，这只是朋友之间的友谊之情，和同性恋没有关系。

- 然而，在西方国家，人们一般认为触碰他人是侵犯他人私人空间的行为。后果可能很危险。

高级课程的第四部分：办公室家具摆放的格局——19 种摆设方法

有时候，一幅画胜过千言万语。下面有 4 幅画作和 19 个问题。

看一看大人物办公室里的这幅画作。假设你应邀来到这里谈生意，现在回答下面的问题：

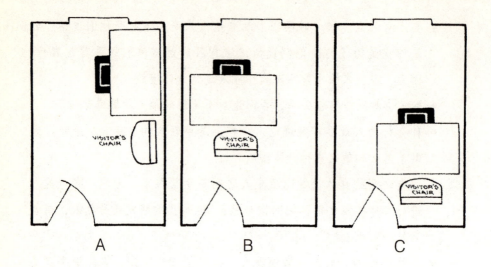

问题：哪一种办公室的布局让大人物看起来更有气场？A，B，还是C？为什么？

答案：C。他自己享有的空间最大，而你却被他逼到了一个小角落里。在 A 布局中他的气场最弱。

这里还有另一幅图：

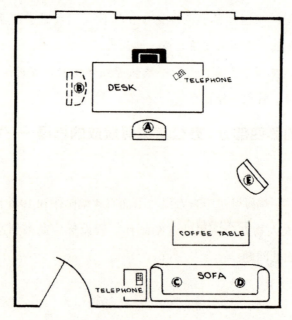

- 如果大人物想认认真真地和你谈生意，他会安排你坐在哪个位置上？A，B，C，D，还是E？

  答案：A，正对他的桌子。

- 如果他想表现友好一些，会安排你坐在哪个位置？

  答案：他会把A椅子移至B位置。

- 如果他想拖延谈判，会安排你坐在哪个位置？他自己会坐在哪个位置上？

  答案：你坐在D位置，沙发上。他坐在C位置，电话旁。

- 如果他想缓和双方的关系，他会安排你坐在哪个位置？他自己会坐在哪个位置？

  答案：他会让你坐在D位置，沙发上。他还是坐在C位置，电话旁。

- 如果你是一个斗志昂扬的生意人，你会选择坐在哪个位置上？

  答案：你会把椅子从A位置移至B位置。或者你坐在C位置（沙发上），断了大人物和电话之间的通路。

- 无论对大人物来说还是对你来说哪一个位置都是最弱的？

  答案：E。

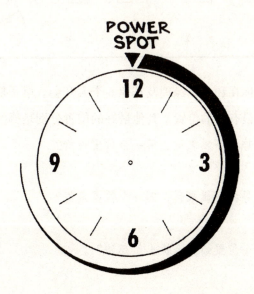

接下来，假设你在和一些人开会。看一看会议室的这张圆桌。数字代表的是时钟上的点数。

- 哪一个位置的气场最强大？
  答案：12 点钟方向的位置。
- 哪一个位置的气场次强大？
  答案：1 点钟方向的位置。
- 哪一个位置的气场最弱？
  答案：11 点钟方向的位置。

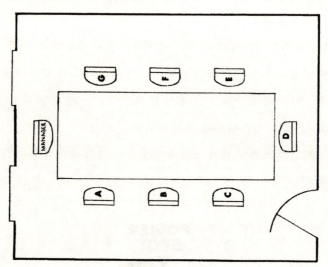

最后，假设你在和一位经理及其他 6 个人开会。桌子是这样的：经理占据了最有利的位置。其他最好的位置分别是哪些？

- 对一个强势的下属来说，哪一个位置最好？
  答案：F。
- 对一个弱势的下属来说，哪一个位置最好？
  答案：E。
- 坐在哪一个位置最适合提出新想法？

答案：B。

- 坐在哪一个位置最适合做例行报告？

答案：A。

- 哪一个位置最适合新来的员工？

答案：G。

- 坐哪一个位置最适合挑起事端？

答案：C。

- 哪一个位置最适合旁观者？

答案：D。

高级课程的第五部分：如何用你自己的身体语言操纵对方

你总是在想方设法地让大人物或其他游击高手同意你的想法。想要真正地操纵对方其实比你想的要容易（第 16 种防御手段）。但是过一会儿你可能就不会这样想了。我们认为你有必要知道为什么这一手段的威力如此强大。你听过"社会感染"这个术语吗？"物以类聚人以群分"呢？它们都是指人们之间相互模仿的现象。事实上，这种模仿行为之频繁是你所想象不到的。上网搜索一下"佛莱明罕心脏研究（Framingham Heart Study）"，你会找到由哈佛大学和加州大学圣地亚哥分校的几位教授撰写的一系列有关社会感染的文章。这些文章会告诉你，你的密友对你造成的影响远远超过你的想象：如果他们很胖，你也有可能变胖；如果他们抽烟，你也有可能抽烟；如果他们戒烟了，你也有可能戒烟；如果他们喝酒、离婚、心情舒畅、郁郁寡欢、感到孤独，你也可能会有这样的倾向。一般来说，和你的亲戚或邻居比起来，你的朋友对你造成的影响更大。

这个话题变得越来越有趣了，甚至会让你感到有些陌生了。关于这一话题，我们在学术期刊上发现了以下几则内容：

- 参与者要完成一份调查问卷。其中 30% 的参与者将问卷交给其中一位调查者，这位调查者的名字发音和他们的名字发音有较大差异；而 56% 的参与者将问卷交给了另一名调查者，这位调查者的名字发音和他们的相似（比如说唐纳德和罗恩·赫恩登）。这意味着如果你和你的客户在某些方面有相似之处，比如说来自同一个地方、是校友、生日一样、信仰一致，或者都是男性或都是女性，那么你们能谈成生意的可能性就会大一些。因此，在你展开营销之前，先和他们套套近乎。你可以这样说："嘿，我们都在德克萨斯大学奥斯汀分校念过书啊。你是哪一届的？"或者这样说："原来你是从内华达州的梅斯基特来的啊，我是从德克萨斯州的梅斯基特来的，真是太好了！"
- 很多人倾向于所从事职业的名称和他们的名字发音相似，比如丹尼斯（Dennis）可能会成为一位牙医（dentist），但不是一位危险分子（menace）。很多时候，人们会选择和他们的名或姓发音相似的人结婚（比如查尔斯和夏洛特，杰伊和珍妮，唐纳德和唐娜）。
- 很多人在挑选商品时，也会倾向于选择其名称的首字母和自己名字的首字母一致的商品。比如，山姆（Sam）会选择士力架（Snickers），艾伦（Alan）会选择杏仁乐（Almond Joy），杰伊也很喜欢这一品牌，他还很喜欢救生力巧克力（Life Savers），唐纳德会选择德芙巧克力（Dove Bars）和好时巧克力（Hershey Bars），但是不会同时买这两种。

你是不是有点怀疑？用这些招数真的可以让大人物听你的话吗？你可以试着这样做：当你制作议案时，在标题中使用那些会让大人物联想到自己的单词——甚至只是用和他名字的首字母一样的单词也可以。看看结果会怎样。

如果你仍然不确定自己能做到用身体语言操纵大人物，下面我们讲的就是唐纳德在讨论身体语言的研讨会结束后为参与者提供的一次实践活动。试一试，你就会明白身体语言有多么神奇了。

唐纳德开始逐步发出以下指令：

- 分成两组，一组是卖方，一组是买方。现在就确定下来，买方一组请举手。现在，卖方一组请举手。

- 这一练习只有 20 秒左右。

- 大家都不要说话。看着对方，做一些我们刚才讲到的身体语言。

- 在这 20 秒内，买方请开动脑筋，向卖方做出你能想到的所有表示否定态度的身体语言。

- 卖方们这样做：在前 10 秒钟内，向买方做出你能想到的所有表示否定态度的身体语言。接下来，我会拍一下手，说"肯定的态度"。这时候卖方就要向买方做出你能想到的所有表示肯定态度的身体语言。在这整个 20 秒之内，买方都要持否定态度。

- 这样做的目的是什么？我是想看看当卖方对买方分别作出否定手势和肯定手势时，买方都在想些什么。

- 还有什么问题吗？

- 没有问题的话，现在就开始吧。

20 秒过后，唐纳德问这些参与者："当卖方表现出否定态度时，买方是怎么想的？"他们都异口同声地回答道："更想保持否定的态度了。"

接着，唐纳德问他们："当卖方表现出肯定态度时，买方是怎么想的？"他们的回答也都是："有点动摇，我们不由自主地变得更加肯定了。"

这种情况经常发生：在前 10 秒钟，双方相互传达否定的信息，形势陷入了僵局。但是在后 10 秒钟，买方却难以继续保持否定的立场。他们开始向对方微笑，态度也变得友好起来，通常还会情不自禁地笑出声来。

等一下，还有更多内容——更多高级课程内容

身体语言不只是人们做出的动作。我们在本章还谈到了声音、位置、碰触、侵犯他人空间、高度，甚至出汗的情况。唐纳德在他的身体语言讲座上还谈到了以下问题：

- 运用脸上的细微表情传达信息，让对方知道你手里拿着怎样一副好牌。
- 虚张声势，并让对方摊牌。
- 力量的标志。
- 可以衬托出强大气场的颜色，包括哪几种颜色搭配在一起看起来最有气场。举个例子：在美国，为什么蓝色似乎是最能彰显力量的颜色，为什么红色让人感到畏惧。
- 可以衬托出强大气场的衣服。
- 独立卫生间。
- 脚的动作。
- 黄色便签纸。
- 风水。
- 调情和引诱。
- 如何选择陪审团。
- 参加面试时的身体语言。
- 抢劫者怎样找到合适的对象下手——也就是说，估计一下从你身上抢走财物的可能性有多大。
- 在机场工作的海关人员根据什么判断需要对哪些人进行彻底搜身。
- 如果对方深谙身体语言之道，你该怎么应对。
- 不同国家身体语言的不同解读。
- 发送了错误的信息，要如何应对这种情况。
- 你甚至可以对对方的签名进行分析。基本的原则是：笔画向上倾斜代表积极的态度，向下倾斜则代表消极的态度，花里胡哨的签名代表优越感和自恋情结。

总结

在本章开始时我们就说过，唐纳德认为身体语言是他这一生中学到的最实用高效的谈判技巧，也是他在谈判中始终立于不败之地的原因所在。一起来学习身体语言吧，它会让你在每一次谈判中都取得事半功倍的效果！

现在，让我们来一起探讨如何正确做出让步，并在让步后仍然成为谈判的赢家。

第 17 章
游击式让步

本章内容： 7 种让步模式；计算每一次让步的美元价值；20 件该做的事和 20 件不该做的事。

做生意的人时时刻刻都面临着做让步的可能。无论是大人物还是游击高手都不是打心底里愿意做出让步，但是双方也明白这是推动谈判必不可少的一个环节，对此可谓是又爱又恨。本章将告诉你，如何使用游击手段让你在做出让步的同时又可以赢得更多。

第一部分将教会你如何识别你自己和大人物的让步模式，即详细解说第 20 种防御手段。

第二部分将该告诉你如何估算每一次让步的美元价值，即详细解说第 1 种顺从手段。

第三部分将告诉你 20 件该做的事和 20 件不该做的事，即第 19 种准备手段。当你在谈判桌上做出让步时，一定要谨记这 40 条重要原则。

第一部分：如何识别你自己和大人物的让步模式

在第 6 章中，你第一次接触到人们很少使用的第 20 种防御手段：仔细观察并记录对方的让步方式。现在，让我们直奔主题，学会怎样做让步：

唐纳德设计的让步实践活动

请先做出如下假设：

- 你和大人物或另一位游击高手将要见面谈生意。
- 你抽出一个小时的时间，即从上午 11 点到中午 12 点，用于谈判。
- 但是你不确定对方会在谈判桌上和你交涉多久。
- 而且你还没有告诉他你准备在中午 12 点之前结束谈判。
- 我们把事情简单化，假设他将在与你谈判的一小时内做出价值 100 美元的让步。这是他老板设定的上限金额，而且这 100 美元必须要全部给出。

大人物或另一位游击高手可以通过 7 种方式让给你 100 美元。研究一下这 7 种模式，你能归纳出什么信息？注意看每一次让步的金额以及做出让步的时刻。

让步模式	上午 11:15	上午 11:30	上午 11:45	中午 12:00
1	25 美元	25 美元	25 美元	25 美元
2	50 美元	50 美元	0	0
3	0	0	0	100 美元
4	100 美元	0	0	0
5	10 美元	20 美元	30 美元	40 美元
6	40 美元	30 美元	20 美元	10 美元
7	40 美元	35 美元	30 美元	糟了，超支了，我得拿回来 5 美元，不然我就会被老板炒了。

为了把事情简单化，先不要提那些显而易见的原因——对方做出什么样的让步取决于你做出什么样的让步，反之亦然。当然了，做出让步的具体时间也和当时的形势有关。尽管如此，无论做出让步的是你还是对方，现在你可以从这 7 种不同的让步模式中做出归纳吗？

如果你在读第 6 章的时候就已经写好结论了，那你可以回过头参照一下。如果你当时没有写，现在就可以开动脑筋了。另外，如果你是以团队的形式和对方谈判，我们建议你把团队的所有成员召集在一起，共同讨论这个问题。在团队成员的相互启发下你会得到更多灵感，因此我们建议你和队友合作，而不要一个人苦思冥想。

游击谈判

想好了吗？如果你想好了，就继续往下看。下面为你解读这 7 种模式：

模式一：25 美元，25 美元，25 美元，25 美元。太糟糕了，你就这样一路过来，一次让步 25 美元。对方随便猜猜都知道你下一步要怎么做了。对方的团队很有可能在不断取得优势。他们会这样想："哇，这和在拉斯维加斯的赌场里玩动了手脚的老虎机一样啊，我只要每一次都说'不'，就能不断地拿到 25 美元（或者 250 美元，2500 美元，不管实际金额到底是多少）。"因此，我们非常不喜欢这种让步模式，我们劝你也不要尝试。

模式二：50 美元，50 美元，0，0。这种模式和模式四相似——一开始大方，后来又不肯让步了。大多数人，包括大人物和游击高手，都不喜欢使用这一模式。我们也一样。但是如果你真的这样做出让步，那就相当于一开始就告诉对方你很真诚坦率，这倒也是一个不错的结果。但是，具体情况具体分析，如果和你打交道的是一个一心想要在你身上捞好处的邪恶对手，那情况就不妙了。

模式三：0，0，0，100 美元。我们认为使用这一模式会显得你太顽固了。你应该早一点做出让步，好让谈判更加顺利地进行下去。然而，很多人都喜欢使用这一模式，尤其是来自某些国家的人。我们过一会儿再告诉你具体是哪些国家。

模式四：100 美元，0，0，0。其糟糕程度和模式一不相上下。大多数人——包括我们在内——都很讨厌这种模式。过早摊牌让你在谈判一开始就暴露了你的底线，那么在接下来的谈判中，你随机应变的空间也就小了很多。只有在一种情况下，我们才鼓励使用这一模式，那就是在你和对方已经谈了很长时间的情况下。你告诉对方："这是我的底线。"他也说："这是我的底线。"接着你们就会异口同声地说："好的，成交，一起吃个午饭庆祝我们合作愉快吧。"

模式五：10 美元，20 美元，30 美元，40 美元。这是一种让步程度

230

不断增大的模式，也是我们最不喜欢的一种模式。对方团队的优势很有可能随着你的让步不断增长。他们不知道你的让步金额上限是 100 美元，也不知道谈判会在中午 12 点结束。他们这次先要求你做出 10 美元的让步，接着是 20 美元，30 美元，40 美元。下一次他们就会指望你给他 50 美元，接着是 60 美元，70 美元。

模式六：40 美元，30 美元，20 美元，10 美元。这是我们最喜欢使用的模式。它相当于在告诉对方："我的钱包越来越瘪了。"

模式七：40 美元，35 美元，30 美元，再拿回 5 美元。很多人都不喜欢这种模式，尤其是亚洲人。亚洲人认为再要回 5 美元是很丢脸的事，因此不会这样做。但是在西方国家，大多数人的观点是"在最后签订合同之前怎么样都行"。因此我们倒是有几分喜欢这个模式，因为它和模式六表达的意思差不多，"我的钱包越来越瘪了——如果我搞砸了，老板会炒了我的。"事实上，这种模式传递的信息更到位。

唐纳德在 6 个大陆的 36 个国家开设过讲座，其受众的国籍超过 60 个国家。他为成千上万的参与者建立了庞大的数据库，记录了他们对这 7 种模式的喜好或厌恶程度。下面是唐纳德的一部分发现：

模式三，即看上去最顽固的一种让步模式，这是美国人、巴西人、德国人以及南非人的首选。与这 4 个国家的人谈判时你就要提高警惕了，因为你面对的是一群顽强固执、不肯轻易退让的人。

模式五，一种让步程度越来越大的模式，这是来自乌拉圭、巴西、肯尼亚、巴布亚新几内亚、菲律宾、马来西亚和新加坡这些国家的谈判者的首选。注意，不要认为来自这些国家的都是些差劲的谈判者，他们中的很多人其实都很优秀。顺便说一句，这也是美国谈判者的第二大最喜欢使用的让步模式。

模式六，一种让步程度越来越小的模式，这是我们见过的最佳谈判者——来自中国台湾、澳大利亚以及新西兰的谈判者的首选。他们会把你吃干抹净再吐出来！来自加拿大、英国、德国、芬兰、智利、哥伦比亚、

秘鲁和泰国这些国家的人也很喜欢这种模式，但是他们不像来自中国台湾、澳大利亚和新西兰的人那样热衷使用这一模式。

模式一，模式二，模式四和模式七：几乎没什么人选择这三种模式，它们在谈判中的使用频率极低。如果你采用了这三种模式，一定会让你的对手——大人物或是另一位游击高手——感到意想不到。但是在你决定行动之前，还是先问问自己，这种"意想不到"到底是好事还是坏事。

不喜欢的让步模式：大多数国家的谈判者在不喜欢使用的模式上都能达成共识。几乎每一个人最不喜欢的都是模式四，即在一开始就做出价值100美元的让步。其次是模式七，即最后又从对方那里要回来5美元。

你可以登录 www.GuerrillaDon.com 查看更多有关各国商务经理让步模式的详细信息，这些数据来自于唐纳德对几千名经理进行调查后建立的数据库。你可以在那里找到很多具体国家在这方面的信息。

我们希望你可以从这一让步模式的讨论中认识到认真记录你自己和对方的让步模式有多重要（第20种防御手段）。在实际谈判中，每一次让步都有一种深层的模式可循。了解这一模式可以帮助你从对方那里得到你想要的东西，而且很有可能会得到更多。

第二部分：如何估算你和大人物或另一位游击高手所做让步的美元价值

会计人员对估算产品或服务的美元价值非常在行。如果你本身不是会计，那就让你公司里的会计帮你的忙，但是你要先给他们提供相关的数据。下面我们就为你提供一个快速测试（唐纳德在讲座上也曾经用到过这一测试），帮助你和你的会计弄清楚谈判中涉及的事物的定价问题：

232

练习：给你做出的让步估算美元价值

看一看下面 16 种定价标准：

高　价	定价标准	低　价
	1. 变化——技术变革的速度	
	2. 销售渠道——长度	
	3. 存货周转	
	4. 制造过程——种类	
	5. 市场覆盖率	
	6. 市场占有率	
	7. 产品寿命周期——阶段	
	8. 产品投入	
	9. 产品——产品使用寿命	
	10. 产品——计划报废	
	11. 产品——种类	
	12. 产品——多功能性	
	13. 促销——对产品线取得成功的促进作用	
	14. 促销——金额需要	
	15. 投资报酬率——支出时长	
	16. 服务——额外提供的数量	

现在，把你的会计、财务和营销部门的团队成员集合到一起。下面有 16 组含义相反的形容词。每一组中的两个形容词是按照字母顺序排列的，比如，第一组和第三组可以用"快"和"慢"来衡量。你要做出决定，哪一项应该被放在上表中的"高价"一列，哪一个应该被放在"低价"一列。

1. 快．慢。
2. 长．短。

3. 快﹑慢。

4. 定制﹑批量生产。

5. 密集的﹑选择性的。

6. 大﹑小。

7. 早期阶段﹑成熟阶段。

8. 资本密集型﹑劳动密集型。

9. 长﹑短。

10. 生命周期长的产品﹑生命周期短的产品。

11. 商品产品（所有的品牌都是类似的）﹑专利产品（有价值的品牌名）。

12. 多用途﹑单一用途。

13. 小﹑短。

14. 少﹑多。

15. 长期﹑短期。

16. 很少或没有﹑很多。

在你做完这道练习之后再来看答案。具体如下：

高　　价	定价标准	低　　价
快	1. 变化——技术变革的速度	慢
长	2. 销售渠道——长度	短
慢	3. 存货周转	快
定制	4. 制造过程——种类	批量生产
选择性的	5. 市场覆盖率	密集的
小	6. 市场占有率	大
早期阶段	7. 产品寿命周期——阶段	成熟阶段
劳动密集型	8. 产品投入	资本密集型
长	9. 产品——产品使用寿命	短
生命周期短的产品	10. 产品——计划报废	生命周期长的产品
专利产品（有价值的品牌名）	11. 产品——种类	商品产品（所有的品牌都是类似的）

（续表）

高　　价	定价标准	低　　价
多用途	12. 产品——多功能性	单一用途
小	13. 促销——对产品线取得成功的促进作用	大
多	14. 促销——金额需要	少
短期	15. 投资报酬率——支出时长	长期
很多	16. 服务——额外提供的数量	很少或没有

　　从唐纳德的客户做出的回馈来看，这个小测试确实能在关键时刻帮上大忙，尤其是对游击高手来说。总而言之，你要学会使用第 1 种顺从手段，它会帮助你取得成功。

第三部分：怎样正确做出让步——20 件该做和 20 件不该做的事。它们都牵涉到一个问题，即尽可能降低大人物或另一位游击高手的期望值

　　现在我们将这 40 件事整合在一起。按照这些原则行事，你很快就会看见胜利在向你招手了。

20 件该做的事：
演戏：

　　1. 即使你做出的让步对你来说并不算什么，你还是要发挥演技，让大人物或另一位游击高手认为你割舍了对你来说很重要的东西。（第 55 种花招：公然撒谎，而不只是夸大其词）

　　2. 每当做出让步时都要表现出痛苦的情绪，让对方认为这次让步令你感到很心痛。（第 16 种决策手段）

代理人：

3. 让一位代理人代替你和大人物或另一位游击高手谈判，通常来说，代理人不会做出太多让步，而且他们作出的让步也比较小。（第 37 种决策手段：让专家或代理人协助你谈判）

态度：

4. 时刻记住：如果你愿意接受较少的利益，那么通常来说你就会得到较少的利益。适当程度的贪心对你来说是有益的。（第 76 种花招：利用终极输家贪心又轻信他人的两大软肋）

最后期限：

5. 只有在你想利用最后期限给对方下最后通牒的情况下，才能设置这样一个期限。（第 28 种决策手段：合理利用最后期限）

6. 试着找出大人物的最后期限。看他对此是否认真，试探一下，看他会不会改变这个最后期限。如果最后期限还是可以商量的，那就说明它并不是有效期限。重要提示：大多数最后期限都是可以协商的。（第 22 种防御手段：收集并核实得到的信息——明辨真假，揭穿谎言）

美元价值：

7. 估算你和对方做出的每一次让步的美元价值。告诉大人物或另一位游击高手，这次让步让你损失了多少，前提是这样说对你是有好处的。（第 1 种顺从手段）

8. 试着估算对方做出的每一次让步的美元价格。这意味着你要弄清楚他的成本信息，这可能会有一定的难度。（第 22 种决策手段：收集并核实得到的信息）

9. 用模糊数额，而不是实际数额说服对方，比如百分比、单位价格等。我们在第 12 章里讨论第 6 种防御手段时也讲到了，用百分比表示多少钱比直接说多少美元听上去要少。1美元的单位价格听上去是个很小的数目，但是如果你要买 100 万单位的话，就意味着你要花费 100 万美元。要是能让对方将每单位价格降低两分钱的话，你就能节约 2 万美元。这绝对值得你花工夫和他讨价还价。（第 6 种防御手段）

10. 将重大的让步分成几个较小的部分，然后再依次完成。大人物和游击高手都会产生这样的错觉：几次小的让步似乎比一次大的让步分量更重，即使前者与后者的总价值是一样的。（第 105 种，第 106 种和第 107 种决策手段：得寸进尺法——先伸脚卡门；再活动你的脚趾；然后把门踢开）

11. 给自己足够大的空间。如果你是卖方，那么一开始就要喊出高价。如果你是买方，就要开出低价。（第 48 种决策手段：批发——大量兜售）

12. 认真做记录，但是不要让对方知道你在干什么。看看他做让步是不是有一套模式可循——是不断做出更大的让步，还是不断做出更小的让步，又或是顽固到底，再做出让步。了解了这一模式后，想要预计他下一步会怎么走就变得容易了。（第 20 种防御手段：仔细观察并记录自己和对方的让步方式）

13. 不要轻易让大人物和游击高手从你那里拿到任何东西。这样的话，他们就会更加感激你做出了让步，并且会高估这些让步的价值。但如果对方不费什么工夫就让你做出了让步，那他们就不会加以珍惜了。（第 10 种顺从手段：一步一步慢慢来）

14. 时刻问自己："我做出的让步合理吗？"如果答案是否定的，那就不要做出让步。（第 33 种决策手段：讲求逻辑——并让对方知道你是讲求逻辑的）

有限的权力：

15. 你可以这样说："在做出让步之前我必须和我的老板商量一下。"（第 5 种花招：表明自己权力有限——"不过我还得先问一下领导"）

认真倾听:

16. 在大人物或另一位游击高手说话的时候认真倾听,这就是你做出的零成本让步,对你来说也是最重要的让步。(第14种合作手段:代价最小的让步——做一个专注的听众)

17. 认真倾听,还要擦亮你的眼睛。在他做出让步时,观察他的身体语言,弄清楚这次让步对他来说是否意义重大。(第15种防御手段)

把握时间:

18. 慢慢做出让步,间隔开每一次让步的时间。(第26种决策手段:拉长谈判的时间)

19. 如果你先做出让步,就要确保自己做出的只是比较小的让步。(第22种准备手段:首先报价,推动谈判进程)

平等交换:

20. 每次做出让步后都要向大人物或另一位游击高手索要回报,但是不要接受他做出的承诺。(第88种防御手段:提出平等交换的要求,但不会接受对方的承诺)

20 件不该做的事

设想:

1. 不要认为每一次让步都会遵循互惠原则。这种互惠关系到时候总会结束的。(第4种合作手段:不要走极端)

2. 不要认为自己在一个问题上做出了让步,就会在另一个问题上也要自动让步。事情还没有到越来越糟的地步。在泥泞的山路上,你前方的地面并不危险,只是你认为它们有危险。这里的办法是要用你的认可,创造出能解决问题的关键点。"认为它泥泞,但是并不滑。"(第12种顺从手段:不要轻易让步——每一次让步的时候都要更加强硬地与对方讨价还价)

最后期限:

3. 千万不要让任何人——包括大人物和游击高手——知道你的最后期限。否则，会对你造成更大的威胁。告诉对方你的最后期限，无异于增强他的实力，因此，不要做出这么愚蠢的让步。一旦对方得知你的最后期限，他就很有可能会一直拖延时间，直到接近最后期限时才和你认认真真地谈判。因为那个时候，迫于时间的压力，你就不得不做出更多让步了。（第28种决策手段：合理利用最后期限；第32种决策手段：知己知彼——信息就是力量）

4. 不要忘了"80/20规则"：交易中80%的关键行动都发生在谈判最后20%的时间内。（第3种准备手段：张弛有道——运用"80/20"规则抓重点）

5. 灵活处理：不要给自己设定最后期限，因为它会制约你的灵活性。时刻问自己："谁的最后期限会给我带来更大的麻烦？他的还是我的？"（第5种准备手段：端正态度——我必须要了解对方的需求）

6. 担心的问题：不要为对方的最后期限担心。记住，大人物和另一位游击高手的最后期限制约的是他们的自由，不是你的自由。需要遵循最后期限的人是他，就让他去操心吧。没有最后期限的限制，你可以更灵活地处理问题。（第12种准备手段：冷静下来，轻松应对）

金钱:

7. 千万不要在谈判的过程中一次性做出重大让步。记住，是"千万不要"！一次性做出重大让步的人赢得的东西会比对方少得多。所以，不要成为输家你就要分次做出小的让步。（第103种决策手段：蚕食对方——耗尽对方的力量，赢过他）

自我意识:

8. 当对方报出一个荒谬的价格时，不要因为一时气愤就不和他谈了。

控制你的自我意识，保持风度，看他怎样继续谈下去。（第 10 种准备手段：调节你的自我意识）

9. 当对方报出一个荒谬的价格时，不要出言侮辱他。（不要使用第 31 种花招：羞辱调侃对方；也不要使用第 51 种花招：吓得对方魂飞魄散——让他怕你）

10. 不要因为想得到他人的青睐，为了博得对方一笑而做出让步。你要加倍爱自己，这样就不会在意他人是不是喜欢你了——学会调节你的自我意识。（第 8 种准备手段：不要为了博得大人物一笑而一味付出，以及第 10 种准备手段：调节你的自我意识）

错误：

11. 不要遮掩你犯的错误。当你想从大人物那里要回自己割让的东西时，你可以直接告诉他，刚才的让步只是你犯的一个错误，这会让他更容易接受你的这一行为。（第 85 种防御手段：承认你的错误，并在对方责怪你之前道歉）

12. 但是你也不能犯太多错误，因为这会让大人物和其他的游击高手认为你要么就是蠢钝不堪，要么就是在戏弄他们。（第 11 种准备手段：面对错误，汲取教训）

把握时间：

13. 不要先做出让步。让他先说出他的要求，但是不要让他轻易知道你的要求。（第 23 种决策手段：什么时候该说话，什么时候该停下）

14. 必要时可以反悔先前做出的让步，不必感到难以启齿。在你和大人物正式签约之前任何事情都可能发生（第 54 种决策手段：控制谈判过程）

15. 不要第一个开口说："我们各让一步吧。"这或许是 20 件不该做的事情中最不该做的一件事。为什么？因为先开口提出折中的办法，就相当于告诉对方你的底线是多少，而你却无法得知对方的底线。先说出"让我们折中一下吧"的人在对方看来，是不会担心有什么损失的。（不要使用第 14 种顺从手段：采取折中办法）

16. 不要在不知道对方的全部需求之前就一步到位地做出让步。（第 32 种决策手段：知己知彼——信息就是力量）

17. 不要让大人物或其他游击高手过早知道你会在谈判中做出让步。一旦对方得知你会做出让步，他们的期望值就会随之提高。如果你必须告诉他们，那就尽量拖延时间，越迟告诉他们越好。（第 23 种决策手段：什么时候该说话，什么时候该停下）

18. 对于他做出的任何让步都不要太快接受。如果你没有讨价还价就一口答应了对方的条件，他就会起疑，觉得自己让利太多，接着就会要求重新谈判。（第 24 种决策手段：防止作为买方后悔不迭——对对方的提议不要迅速接受）

言语：

19. 不要害怕说"不"。事实上，说得多了你就会习惯了。（第 71 种决策手段：坚定不移——说"不"）

20. 不要太频繁或太轻易地说"我会考虑考虑的"。这七个字实际上就意味着一种让步，因为它们提升了对方的期望值。就让对方眼巴巴地等着吧！再一次声明，如果没有回报就不要做出让步。你应该这样说，"如果我决定考虑这个问题，你能给我什么样的回报？"但是要记住，只有在你比对方更强大的情况下才能说出这样的话。（第 14 种防御手段：降低对方的期望值）

对于你来说，遵循第 19 种准备手段中的某些重要原则可能很容易，因为你本身就赞同这些观点。但是，你有可能会排斥其他某些原则，特别是那些你听都没听说过的原则，因为从实践经验上看，你之前的一套行事方法对你来说是有效的。对此，我们只能说，要保持开放的思维，

接受新鲜的食物。这 40 条原则也是来自于唐纳德和他在世界各地的客户在长时间的实践中总结出来的宝贵经验。遵循这些重要的原则让他们所有人都取得了巨大的成功。

总结

你在本章学到了很多重要的东西，包括：

- 认真记录你自己和大人物的让步模式有多重要。
- 如何识别让步模式——不仅是他的，还有你自己的让步模式。
- 如何给你们双方做出的让步估算美元价值。
- 有关做让步的 20 件该做的事和 20 件不该做的事。

本书的内容已经接近尾声了。你也学到了在与大人物或其他游击高手的谈判中克敌制胜的所有策略。但是在你带上唐纳德的 365 种得力手段闯荡江湖之前，还要阅读本书的最后一个章节。它会告诉你如何精通游击谈判的艺术，凭直觉采取正确的行动。这一章节将谈到唐纳德的"谈判扑克"视频游戏，还有杰伊的心血之作——54 种达成卓越游击营销目标的黄金法则。

准备好了吗？翻过这一页，让我们一起进入最后一章。

GUERRILLA
DEAL-MAKING

第六部分

又一个终极游击高手诞生了

第18章
如何成为终极游击高手

本章内容： 从"没有意识到自己不能熟练操作"到"没有意识到自己在熟练操作"的 4 个阶段；"谈判纸牌"的游戏；游击高手如何运用杰伊的 54 条黄金法则达成"卓越游击营销"的目标。

介绍：在不知不觉中运用谈判技巧，成为终极游击高手

好吧，如果你不是直接跳到这一章的话，你就已经读完了本书的大部分内容了。感觉如何？你花了多长时间掌握 100 种最有力的策略——甚至说，掌握了唐纳德的所有 365 种主流手段，一种额外手段以及第 4 章中胡志明的 22 种游击手段？想一想你擅长的某项技巧，比如说打保龄球，打高尔夫，家居维修，变魔术，说外语，甚至可以把开车也算进去。你花了多长时间掌握这一技巧？即使你很聪明，又有悟性，还是很有可能花去了比你预想的更长的时间才掌握了这一技巧。原因就在于，你必须要经历 4 个阶段，才能不知不觉地、不假思索地、下意识地进行熟练操作。这 4 个阶段分别是：

- 没有意识到自己无法熟练操作。
- 意识到自己无法熟练操作。
- 意识到自己在熟练操作。

● 没有意识到自己在熟练操作——成为终极游击高手。

第1阶段：没有意识到自己无法熟练操作。你还处于茫然无知的阶段，你甚至都没有意识到自己的无知——你甚至不会怀疑任何事，不知道哪些是该问的问题。你就这样想当然地作出了错误的假设。举个例子，一个美国人第一次去澳大利亚，他惊奇地发现电灯开关朝下就是开灯的状态，而在美国，开关朝上才是开灯的状态。然而没有一个当地人会告诉你这一点——他们想当然地认为，你应该是知道这些事的，因为其他人都知道！他们不知道你没有意识到这种区别，他们甚至会认为你就是个傻瓜。

第2阶段：意识到自己无法熟练操作。你开始意识到自己有不懂的地方，然后就开始提问了。当你第一次打开这本书，开始看胡志明和唐纳德·特朗普聚首谈判这一穿越故事的时候，就是属于这种情况。在你阅读第一章的时候，你就迅速进入了第二阶段，开启了技能发展的过程。在这一阶段，你再不会做出那些错误的假设了。你可能还会担心，过不了多久你就会因为自尊心受挫而丧失信心。

第3阶段：意识到自己在熟练操作。经过几周的实践，你已经掌握了一部分技巧。你并不是在不知不觉中就做出了正确的行动。相反，每一次行动时你都必须想一想自己该怎么做。而事实上，你做出的行动大多数都是正确的。但是你仍然会感到沮丧，因为你花在掌握这一技巧上的时间比你预想的要长。然而，你必须经历很长很长时间才能进入下一阶段，具体有多长取决于你是否在勤加练习。记住，凡事功到自然成，心急吃不了热豆腐。

第4阶段：没有意识到自己在熟练操作。终于，你的技艺越来越精进，你可以不知不觉地、不假思索地、下意识地进行操作，而且几乎次次都能取得令人瞩目的结果。就这样，你成为了一个终极游击高手（第31种准备手段），成为了另一个山姆·沃尔顿。你做事的手法天衣无缝，甚至让人们都察觉不出来你做了什么手脚，但你就是这样一路取胜，取胜，再取胜！然而，通常这个时候隐患出现了，你的自我意识逐渐膨胀，你可能会变得妄自尊大。你会开始更加频繁地使用第 38 种决策手段（表现得傲慢自大）和第 39 种决策手段（以自我为中心）。在达到了如此高的境界之后，你开始感到疑惑——为什么有这么多蠢人，为什么他们连该问哪些问题都不知道。小心！这样的态度可能会将你置于一个危险的境地中，恐怕到头来，你也终将淹没在人海之中，成为谈判桌上的泛泛之辈。

怎样快速进入第 4 阶段——11 条重要提示

这些提示遵循起来十分容易，而且它们能让你很快步入正轨。具体如下：

- 不要过于焦虑。你要意识到，无论是针对什么事，包括做交易在内，想要做到下意识地自如运用技巧，都需要一段很长的时间——比你预想的还要长。
- 坚定目标，相信自己能在谈判桌上自如运用学到的技巧，在与大人物的交锋中取胜。
- 试着尽量多运用这 100 种最有力的手段，以及其他 265 种手段，还有本书为你提供的超过 400 种的反击攻略。然后做记录，看看对你来说，哪些手段的效果最好？对大人物来说，又是哪些手段的效果最好？
- 记住，每一种手段都有特定的使用情境。在其他一些情况下，这些手段可能就会失效了。你最终还将学会什么时候运用某一手段——什么时候不能运用某一手段。
- 哪些手段的效果最好，你就继续使用哪些手段。
- 尽可能地多练习谈判技巧。你的谈判对象可以是你的另一半，或

是喜欢强卖的汽车经销商，甚至可以是陌生人——你可以试着向他们做"电梯演讲"，看看自己的口才如何。

- 你可能经常身处于一些闲散的情境中，比如说在二手家具店里买家具，或是浏览一场车库拍卖。你可以将其视为一场谈判游戏，尽情地和老板讨价还价。你在这些地方用起来得心应手的手段也很有可能适用于另外一些更重要的场合，比如说请求老板给你加薪。

- 最终，你要将所有的交易都看成是一场游戏，这会减轻你的压力。

- 怎样知道自己在这场游戏中是输家还是赢家？看拿到手的钱。一位老练的千万富翁保罗·杨，曾这样对唐纳德说："其实钱没有那么重要。关键是你如何在这场谈判中不断得分。"

- 因此，你要不断得分。试着运用唐纳德的 365 种手段，还有几百种反击攻略。搞清楚哪些有效果，哪些没有效果；在什么时候有效果，在什么时候没有效果；以及为什么有效果，为什么没效果。

- 要想知道哪些手段有效果，这里有个好方法：你可以登录www.DonaldHendon.com/NegotiationPoker，玩一玩唐纳德的"谈判纸牌"游戏。当你找到点感觉后，再尝试一下完整版的游戏，登录www.GuerrillaDon.com 下载即可。该程序同样适用于 iPhone，iPad，iPod 以及 Android 系统。

第 12 种方法：魔力万花筒

第 12 种快速进入第 4 阶段的方法，就是观看魔力万花筒，我们在第 6 章也提到过这一点。唐纳德在《影响你的 365 种有力方式》一书中讲到了万花筒，一共有 95 条指导原则。尽量做那些会给你带来更多力量的事，不要做那些有损你自身力量的事。事实上，掌握这一知识比你想象的要容易。尽管后来发展到 122 条指导原则，但一共只有744 个英文单词。你可以登录www.GuerrillaDon.com 查看唐纳德的万花筒，网站上的内容比书上的更加丰富。

为了帮助你踏上最终实现第 4 阶段梦想的旅程，我们为你精心制作了一幅路线图——这是杰伊的心血之作——你需要遵守的 54 条黄金法则。我们将杰伊的《卓越游击营销——小型企业取得成功的黄金法则》一书加以概括，浓缩成为下面 1700 个单词的黄金法则。

游击高手的 54 条黄金法则

杰伊的 54 条黄金法则共分为 33 个范畴：

关注你的客户

1. 你的营销必须要尽可能多地吸引不同类型的客户，并且让他们产生兴趣——无论是大人物还是游击高手。

2. 迅速抓住他们的注意力：如果你有 10 小时的时间创造一个广告，那就用 9 小时敲定标题。

关注细节

3. 不要忽略细节：只有当你和值得你信赖的代理人长期投入足够的时间和精力时，你的营销才会成功。

可信度

4. 创造一条销售阻力最小的通道。怎样才能做到？用你的信誉铺满这条通道。

收益还是解决办法？

5. 提出解决问题的办法比提出一个创造正效益的方法简单得多。

凝聚力

6. 通过加入人性的关怀创建一条纽带。记住，你的所有营销对象首先在本质上都是人，然后才是你想要发展的客户。

你的底线

7. 密切关注你的底线：节约型营销的关键不在于省了多少钱，而是在于让每一笔投资都收到漂亮的回报。

游击高手的日历：提前思考，然后把握时间

8. 游击高手的日历：当你产生计划，评估你的营销策略时，使用杰伊总结出的游击高手日历。也就是说，你不要着急，慢慢来。匆忙行事会让增加你的营销成本，还可能会让你忽略一些问题。

9. 游击高手的日历：不要把交易当做是一场单一事件，要把它们视为一段密切而持久的关系的开始或延续。

10. 提前思考：当你有幸拥有游击高手的远见卓识时，你就不会只图即时的满足。你的洞察力会为你带来丰厚的回报。

11. 把握时间：只有当你找准了正确的时机，才能面向正确的人群，进行正确的营销。

控制

12. 如果你不对自己的营销加以控制，你公司的未来就会落入你的竞争者手中。换句话说，控制你的生活，否则你就会被生活所控制。

合作，而不是竞争

13. 为了确保你的营销能取得成功，你应该将注意力更多地放在合作层面而不是竞争层面。

你的客户

14. 客户还是对手？如果你把自己的谈判对象看作是你的客户而不是

对手的话，你就很有可能赢得更多。

15. 了解你的客户。对自己的精确市场做出准确定义的能力会影响到你的盈利能力。

16. 关心你的客户。想要取得成功，你就必须要关心你的客户，而不仅仅只是关注。大多数公司最终都失败了，只有一小部分能取得成功，这一小部分公司就做到了这一点——他们的客户感受到了来自他们的关怀。

17. 确保你的客户知道你有多在意他们。要经常在后续工作中帮助你的客户，表达敬意。

18. 不仅要关心你的客户，还可以给予你最重要的客户（无论是大人物还是游击高手）一些特殊待遇。如果你有一位非常重要的客户，那就要以郑重的方式展开营销计划。比如说，如果你们公司在体育馆设有豪华休息室，你就可以邀请他和你一起在那里看几场比赛。

19. 你也要适当给予你的普通客户特殊待遇。在业务往来中要时刻为你的客户提供便利，让你们双方的合作更加轻松愉快。

20. 给你的客户带来利润，而不只是制造噱头。制定适应市场需求的营销策略，你的目标是已经进入市场的客户，你要了解他们的真正需求而不是只满足他们一时的需求。也就是说，你必须要说到做到，只要客户渴望及时获利，你就要满足他们的需求。当你做到这一点时，你已经成功地完成了一次营销。

21. 和你的客户互动。你的客户提出问题，你就替他们解决问题。你替他们解决了问题，就建立了和谐的客户关系。有了和谐的客户关系，利润就会滚滚而来。

22. 如果你能首先取得人们的思想份额，那么再取得市场份额就容易多了。如果你能遵循第 14 条至第 21 条黄金法则，那么在这个行业中他们第一个想到的就是你，而不是你的竞争者们。

23. 思想份额的负面影响：另一方面，如果你能占据众多客户的思想份额，时间一长，你或许就不会那么重视你的客户了。千万不要落入这样的圈套中。当你的潜在客户寻找合作伙伴时，能成为他们的首选固然很好，但是在很多时候，能成为他们的备选往往能获利更多。这是为什么？因为那些处于首选的人也很有可能会把事情搞砸。他们可能会出现以下 9 种情况：

- 忽视他们的客户。
- 服务不周。
- 产品质量达不到预期标准。
- 延迟交货。
- 过度抬高价格。
- 让访客等得过久。
- 约会迟到。
- 不能提供足够的便利。
- 做出让客户失望的事。

因此，客户往往会退而求其次，选择那些备选公司作为他们的合作伙伴。

取得帮助

24. 让专业人员帮你准备营销材料，因为材料只要有一丝丝不专业之嫌，都可能让你失去这次生意。

礼物和小把戏

25. 礼物，额外的馈赠：不管你用什么词来指代它，毫无疑问的是人们都喜欢接受他人的恩惠，尤其是大人物。

26. 学会使用这些小把戏：不管你的计划有多么完美，有的时候游击高手还是需要要一些小把戏的。比如说：拿出两张名片，一张让客户收着，另一张附上优惠券，让你的客户可以在双方第一次合作中以 7.5 折拿下这笔订单。

付出还是索取？

27. 那些想着怎样付出的公司会比那些想着怎样索取的公司赚取更多的利益。

诚信

28. 诚实守信。在你力所能及的范围内运用营销技巧和策略，要以诚待客，不要授人以柄。

幽默

29. 幽默——谨慎运用幽默，除非它和你们的生意有关，否则就不要在不恰当的时机运用幽默。

信息和知识

30. 信息的价值：你自己的客户名单才是最佳名单，并且要确保自己收录了每一位客户的详细信息。看看你手里的名单，是最佳名单吗？

31. 你的知识储备：对整个营销过程的专业知识懂得越多，就会赢得更多的利润。

联系交流

32. 成为一个成功的沟通者。怎样才能做到这一点？你要善于提出问题，倾听对方的答案，然后努力解决交流中出现的难题。

提供新产品和新服务

33. 在向对方介绍你的新产品或新服务时，你要积极地强调其新颖性，

并解释清楚它们的优越之处。

一次只为一个客户

34. 如果你每次只为一个客户服务，和他做生意，这种专一的营销策略就会为你带来更多的机会和利润。

独创性与独特性

35. 独创性——不要在独创性这方面投资太多。记住，你的主要投资应该用于产生利润。

36. 独创性——认识或创造你的竞争优势，在你的营销活动中广泛利用这些优势。

37. 独特的市场定位。抓住各种机会成功推销你的服务，打造独特的市场定位。

开拓者

38. 开拓者面临的危险：如果你想开拓一种新产品或新服务的市场，就要做好面对客户冷漠回应的准备。

利润导向

39. 以利润为导向。营销中的一切活动都应该以增加利润为目的，注意，不是增加你的销售数量，而是你的销售利润。

在与其他游击高手的竞争中保护自己

40. 时刻谨记：最好的防守就是进攻，使自己的利润最大化。

衰退时期

41. 在衰退时期，将你的精力放在现有的客户身上，扩大交易规模。

克制你自己

42. 不要成为完美主义者——除非你可以百分之百确定出了什么纰漏，不然就不要急着修修补补。

是销售，不是作秀

43. 让客户看到你准备了哪些"美味佳肴"，而不是那些盛着"美味佳肴"的"杯盘碗碟"。

44. 有效的市场营销能让人感觉到这是一场实实在在的销售活动，而不是花哨的作秀。

具体明确

45. 市场营销的可信度和说服力与你向客户提供数据的详细程度成正比。

侦查情报

46. 监视你的竞争者，确定自己优势地位：如果你能加大力度侦查你面临的竞争以及所在行业的情况，并且更加深入地剖析自己，你就会有更多的发展机会。

电视与社会媒体——借助他们的力量

47. 记住，和零售商做生意时，你可以利用电视媒体的力量把你的产品摆到任何一个你选择的商店的货架上。如今，社会媒体的力量似乎越发强大了。

不要轻易满足对方的胃口——让他们向你索要更多

48. 如果人们一开始就问你要更多数据，那你就能更轻松地让他们购买你的产品。

你的手段

49. 不要总指望靠一种手段打遍天下。很多营销手段只有在你将它与其他手段联合运用，才会产生最佳效果。

用词

50. 在营销中是说些漂亮话还是切题的话？人们往往会记住你说的最动听的漂亮话，但是你要确保这些话和你销售的东西有直接联系。

51. 用词的力量之一：确保你能快速抓住潜在客户的注意力。在准备工作中，如果你有 10 个小时的时间制作一个广告，那就用 9 个小时的时间想好标题。

52. 用词的力量之二：正确的用词能够推动一个伟大的想法，让美梦成真。错误的用词能够毁灭一个伟大的想法，让一切落空。在这里，我们为你准备了用于广告和商品宣传的 35 个最具感染力的词汇：

第一，下面是这 35 个词中最有感染力的 4 个词：

- 新的
- 节省
- 你 / 你们
- 你的 / 你们的

剩下的词汇分别是：

- 建议
- 选择
- 宣布
- 效益
- 舒适的

- 发现
- 容易的
- 趣味
- 收获
- 好看的
- 有保证的
- 开心的
- 健康的
- 介绍
- 爱
- 钱
- 现在
- 人们
- 骄傲的
- 被证实的
- 结果
- 对的
- 安全的
- 甩卖
- 保障
- 可信的
- 价值
- 渴望的
- 为什么
- 取胜
- 胜利

```
GUERRILLA
DEAL-
MAKING
```

游击谈判

另外，不要使用以下 17 个词汇——它们普遍含有负面意义：

- 不好
- 购买
- 花费
- 契约
- 死亡
- 决定
- 困难的
- 失败
- 失败者
- 辛苦的
- 负债
- 损失
- 责任
- 命令
- 出售
- 担心的
- 错误

可以破坏这些法则吗？

53. 不要害怕打破这 52 条黄金法则，但前提是你有很好的理由。另外，确保你能意识到自己在破坏这些法则。至少你是有目的性的，而不是在浑然不知的状态下做这件事。记住，无意打破法则会让你损失一笔钱。

54. 自己总结一些黄金法则。不要害怕做出新的尝试。即使有失败的风险，游击式营销还是鼓励人们进行积极的探索。不要被各种负面的想法束缚住了手脚。使用最适合你的做法，放弃对你来说毫无用处的做法。

总结

我们希望你不断进步，在今后的日子里成为谈判中的大赢家。如果你能掌握本书的内容，我们就有信心你一定能成功。运用在本书中学到的技巧，再加上你的天赋之才，就一定能发挥出最佳效果。我们为你提供的非常规手段可以帮助你从他人身上得到你想要的东西。我们亲眼见证过很多游击高手就是这样取得成功的。另外，甚至还有一些不受常规思维束缚的大人物也是通过使用这些手段从游击高手那里得到了他们想要的东西。你也一定可以的，祝你好运！

在你合上这本书之前

我们希望你可以联系我们，告诉我们你的疑惑、遇到的难题，还有你对本书的建议，这有助于我们在今后的日子里不断改进。这些内容很可能会被收录到唐纳德和杰伊本系列丛书的另一部作品《再谈游击交易：从成功的游击高手那里吸取经验》中。我们会集思广益，在今后的作品中多多呈现来自读者的想法。下面是关于我们的更多信息，以及我们的联系方式：

有关杰伊·康拉德·莱文森

自从踏入营销领域以来，我一直在积极思考，试图摆脱条条框框的束缚，这也是我事业长虹的原因。"游击式营销"这一概念最早是由我提出的，它指的是一些组织机构在资源有限的情况下使用的非传统营销手段。有媒体称"游击式营销"是史上最著名的营销品牌。《游击式营销》被列为"100本最佳商业书籍"之一，销售量超过了2800万本。我提出的概念对营销领域造成了重大的影响，我写的书被翻译成62种语言畅销

全球,"游击式营销"还被众多商学院列为 MBA 项目的必读书目。我和很多广告业巨头合作过,包括李奥·贝纳和 J·沃尔特·汤姆逊。我也为很多知名品牌策划过营销活动,包括万宝路、面团宝宝、托尼虎、绿巨人、好事达保险公司的"生活好帮手"、联合航空公司的"友好的天空"、西尔斯公司的汽车电池。

还有,我被人们称为"游击营销之父",全球闻名。搜索一下我,你就会发现我的网站点击量已达几百万次。(当你搜索唐纳德时,也会发现他的网站点击次数也达到了几百万!)

有关唐纳德·韦恩·亨顿

我必须和客户分享的最独特的信息:详细的谈判策略——来自 60 多个国家的商务经理的最爱。提前掌握这些手段的使用方法,可以让商务经理们为谈判做足准备,也会赋予他们更大的力量以便赢得更多。在第 2 章的原因 18 中,你可以看到有关这些手段的一小部分具体实例。

我是从哪里得到这些信息的?我曾在六大洲的 36 个国家开设过内部讲座和公共讲座,做过大量咨询工作,交流、指导过来自 60 多个国家的商务人员。我非常乐意和你分享我的 100 名主要客户名单。其中包括:麦当劳、可口可乐、尼桑、强生、拉斯维加斯会议和旅游局、澳大利亚全国广告商协会、加拿大广告商协会、菲律宾航空公司,还有吉米·卡特曾经做过的花生生意。下面摘录了我的一部分讲座关键词:

- 谈判——劝说——影响——力量
- 国际谈判
- 身体语言
- 营销战,游击式营销,营销策略,愚蠢的营销失误
- 管理技能和手段
- 创造性和创业精神

● 客户关系，服务，推销术，销售管理

我还写过 6 本书，在 14 个国家以 10 种语言出版。这 6 本书包括：《影响你的 365 种有力方式》，《为利润而战》，《全球范围谈判》，《跨文化商务谈判》，《产品营销的经典失败案例》，《美国广告业》。另外还在很多不同的行业杂志和学术杂志上发表过数百篇文章。

大学执教生涯：我曾在美国（13 个州和波多黎各）和澳大利亚、加拿大、墨西哥、马来西亚、阿曼、沙特阿拉伯、阿联酋有过 30 多年的全职执教经验。这 13 个州分别是：德克萨斯、阿肯色、路易斯安那、阿拉巴马、佐治亚、田纳西、佛罗里达、内布拉斯加、南达科他、怀俄明、犹他、内华达、夏威夷。我在 2002 年退休，转身投入到咨询、指导、培训，以及开设讲座和著书的工作中。我的学位：德克萨斯大学奥斯汀分校博士学位（1971），加州大学伯克利分校工商管理硕士学位（1964），德克萨斯大学奥斯汀分校工商管理学学士（1962）。

我的邮箱：donhendon1@aol.com

通讯地址：P.O.Box 2624, Mesquite, Nevada 89024, USA（美国内华达州 89024，梅斯基特，邮政信箱 2624）。梅斯基特距离拉斯维加斯 80 英里。

最后，我们想用传统的爱尔兰祝福语表达我们的美好祝愿：

愿你手边总是有工作，

愿你的钱包里总是有钱，

愿阳光总是照耀在你的窗上，

愿每次雨后都见彩虹，

愿你身边总有挚友，

愿上帝让你的内心满怀欢乐。